Autocuidado Emocional Para Mujeres Negras

Un Poderoso Manual de Salud Mental para Silenciar tu Crítica Interna, Elevar tu Autoestima y Sanarte

Layla Moon

Layla Moon

PUBLICADO POR: Layla Moon

Índice

4 Libros GRATIS

Para ayudarte en tu viaje espiritual, he creado 4 eBooks gratuitos.

Puedes obtener acceso instantáneo e ellos suscribiéndote a mi boletín de noticias a través del correo electrónico que te daré a continuación.

Además de los 4 libros gratuitos, también recibirás consejos semanales junto con regalos de libros, descuentos y mucho más.

Todas estas bonificaciones son 100% gratuitas y sin compromiso. No necesitas proporcionar ninguna información personal excepto tu dirección de correo electrónico.

Para obtener tu bono, ve a:

https://dreamlifepress.com/four-free-gifts

O escanea el siguiente código QR

Guías Espirituales Para Principiantes: Cómo Escuchar la Llamada del Universo y Comunicarte con tus Guías Espirituales y Ángeles Guardianes

Con la guía de la propia Moon, inspirada en sus propias experiencias y en los conocimientos que han sido transmitidos por cientos de generaciones durante miles de años, descubrirás todo lo que necesitas saber para:

- Entender qué es la llamada del universo

- Cómo escucharla y comprenderla

- Saber quiénes y qué son tus guías espirituales y ángeles de la guarda

- Aprender a conectar, iniciar una conversación y escuchar a tus guías

- Cómo manifestar tus sueños con la ayuda de la fuente cósmica

- Aprender cómo empezar a vivir la vida que quieres vivir

- Y mucho más...

La Ley de la Atracción: Manifiesta tu Deseo

Aprende a aprovechar el poder infinito del universo y a manifestar todo lo que quieres en la vida.

Incluye:

- La Ley de la Atracción: Manifiesta tu deseo ebook

- Libro de trabajo de la Ley de la Atracción

- Hojas de trucos y listas de control para asegurarte de que estás en el camino correcto

Libro De Hechizos Hoodoo Para Principiantes: Hechizos Fáciles Y Eficaces De Enraizamiento, Conjuro Y Protección Para La Curación Y La Prosperidad

Aprovecha el poder de una de las más grandes magias. El Hoodoo es una fuerza poderosa ideal para alejar la negatividad, promover la positividad en todas las áreas de tu vida, ofrecer protección a todo lo que amas y, en definitiva, tomar el control de tu destino.

En su interior, descubrirás:

- Cómo empezar a utilizar el Hoodoo en tu día a día
- Cómo utilizar los conjuros para manifestar la vida que quieres vivir
- Cómo los hechizos de protección pueden ayudarte a soportar los momentos más difíciles
- Cómo romper con los ciclos de mala suerte y promover la buena fortuna a lo largo de tu vida
- Hoodoo para fomentar la prosperidad y la estabilidad financiera
- Cómo curar traumas y problemas usando la magia Hoodoo, tanto a corto como a largo plazo
- Eliminar maldiciones y desterrar el dolor, el sufrimiento y la negatividad de tu vida
- Y mucho más...

El Libro De Las Sombras

Un PDF imprimible para apoyarte en tu transformación espiritual.

Dentro de sus páginas encontrarás:

- Una Hoja de seguimiento de pociones y tinturas

- Un registro de aceites esenciales

- Registro de hierbas

- Lista de control de rituales mágicos y objetivos corporales espirituales

- Hojas de lectura del Tarot

- Seguimiento semanal de la luna y los ciclos planetarios

- Y mucho más

Consigue todos los recursos GRATIS visitando el siguiente enlace

https://dreamlifepress.com/four-free-gifts

Introducción

Cuando pensamos en el carácter emocional de una mujer negra, probablemente lo primero que nos viene a la mente es una mujer enfadada, amargada y furiosa con todo el mundo. O bien nuestra mente dibuja la visión de una mujer negra llorando lastimosamente. No vemos las emociones de forma positiva y, por desgracia, no puedo decir que sea culpa nuestra. Hace unos años, compartía los mismos sentimientos. Lamentablemente, los mensajes que me rodeaban reforzaban esta imagen que tenía de cómo se supone que debe ser el carácter emocional de una mujer negra. Pensaba que el llanto era la máxima expresión de las emociones de una mujer. Y lo mismo piensa mucha gente, por lo que tratamos de disuadir a nuestros hermanos negros de que encuentren la expresión emocional en sus lágrimas. Les decimos que es femenino y, por tanto, "débil".

A medida que luchamos por la igualdad de género en el contexto actual, la libertad de llorar libremente está siendo gradualmente mal vista también. Tenemos futuros compañeros de vida que dicen cosas como que "no les gusta que sus mujeres sean emocionalmente débiles". Y cuando se traduce eso en "lenguaje normal", quieren decir que no quieren una mujer que llore o se exprese de cualquiera de las formas que he mencionado anteriormente. El problema no es que la gente tenga normas sobre lo que quiere en una pareja potencial. El problema es la estrecha perspectiva que tenemos cuando se trata de la colorida gama de emociones y sentimientos humanos, que asignamos emociones a géneros específicos o dictamos cómo debe reaccionar cada uno de nosotros ante estas emociones. Y lo que es peor, lo convertimos en la definición general de lo que significa ser una mujer negra emocional.

Esta es la razón por la que me sentí inspirada para escribir este libro. Espero que al final del libro, esa imagen de lo que pensamos que es una mujer negra sensible, cambie. Lo hago con la esperanza de que ciertos conceptos importantes a los que hemos asignado etiquetas negativas, sean vistos bajo una nueva luz y nos doten de los conocimientos necesarios para ayudarnos a prosperar y crecer en nuestros respectivos empeños.

Al final de este libro, quiero que entiendas lo que es la salud emocional y lo que significa cuidar de tu salud emocional. La idea de que una mujer negra fuerte, es alguien que ha conseguido apagar sus emociones o alguien que no muestra emociones de forma que se le considere débil, debería ser quemada y destruida para siempre. Esa narrativa nos está costando nuestra paz y felicidad. Tenemos que cuidar nuestras emociones.

¿Qué es el Autocuidado Emocional?

Conocí la palabra Autocuidado en una película de Hollywood. La forma en que se me vendió fue básicamente tomar un baño en una bañera rodeada de velas, pétalos y todas esas cosas - lo cual es agradable, pero está lejos de la verdad. El autocuidado es mucho más que darse un buen baño en la bañera. Está en tu actitud hacia ti mismo. Está en tus interacciones con otras personas. Está en las palabras que te dices a ti mismo en silencio cuando nadie más te escucha. Cuando se descuida la salud emocional, el crítico interior asume el control por defecto. La voz se convierte en la más fuerte y, si no controlas conscientemente a tu crítico interior, el mensaje será negativo, y esa negatividad te consumirá.

Una rápida búsqueda en Internet nos dice que el autocuidado emocional es un esfuerzo consciente para identificar y alimentar tus verdaderos sentimientos, tu estado interior consciente y tu intelecto emocional. Si tuviera que expresarlo de una manera más cool, diría que el autocuidado emocional es el pintoresco arte de que te importe un carajo. Como mujeres, dedicamos mucho tiempo y esfuerzo a intentar que los demás se preocupen por nuestros sentimientos cuando no hacemos lo mismo con nosotras mismas. Nos encerramos emocionalmente y esperamos que un caballero de brillante armadura venga a rescatarnos. Esta expectativa es ridícula porque, en realidad, tenemos la llave de las cadenas que nos sujetan. La única manera de ayudarnos a crecer emocionalmente y de mantener una salud emocional estable es empezar a preocuparnos por nuestros sentimientos. Y para ello, este proceso debe ocurrir en tres fases:

Fase Uno: Identifica Correctamente Tus Sentimientos

Muchos de nosotros tenemos brotes emocionales negativos, pero tendemos a centrarnos más en las circunstancias que han creado los brotes que en nuestra reacción a esas circunstancias. Desde mi punto de vista, las emociones son los síntomas de lo que ocurre dentro de nuestras cabezas... mentalmente. Cuando te resfrías, manifiestas síntomas como fiebre, dolor de cabeza, etc. Para tratarlo, no empiezas a perseguir los factores ambientales que probablemente te hayan provocado el resfriado. En lugar de ello, centras tu tratamiento en lo que le ocurre a tu cuerpo.

El autocuidado emocional funciona de la misma manera porque cuando tienes un brote emocional (ya sea negativo o positivo), debes tratar de identificar lo que estás sintiendo y por qué lo estás sintiendo y luego determinar el siguiente curso de acción para asegurarte de que estás en un estado emocional más positivo. Debemos aspirar a manifestar más brotes emocionales positivos que negativos. Ese es el objetivo final (creo que debería serlo).

No estoy diciendo que la vida deba ser un camino de rosas. Eso es poco realista. Lo que digo es que cuando construyes tu salud emocional a través del autocuidado, llegas a un punto en el que hay muy pocas cosas en la vida que te hagan quebrarte hasta un punto en el que sientas que la vida ya no vale la pena. Este punto se llama resiliencia emocional, y es el núcleo de todo lo que vamos a hablar en este libro.

Fase Dos: Cuida Tus Sentimientos

Durante mucho tiempo luché con esta fase debido a mi mente cerrada. Asumí que alimentar mis sentimientos era como avivar las llamas de un arbusto ardiendo; dejar que creciera, ardiera y acabara consumiéndome. Al reflexionar sobre mis pensamientos de hace algunos años, tengo que admitir que estaba un poco loca. Afortunadamente, al contrario de lo que ocurría en mi loco mundo de la imaginación, se trata simplemente de entender lo que sientes y comprender qué acciones te apaciguarán. Permítanme desglosar eso. Luché mucho con la ira. Como mujer negra que vive en un mundo empañado por el racismo, es difícil no estar enfadada. En un momento estás disfrutando de la vida, y entonces llega una persona o un acontecimiento y aplasta ese momento como un insecto por sus prejuicios contra tu color de piel. Y lo que es peor, te sientes impotente para reaccionar.

Esa sensación de impotencia alimenta la ira y yo tenía mucha. Cuando me di cuenta de que tenía que aprender a alimentar mis sentimientos, no dejaba de pensar: "¿Se supone que debo cultivar esta ira?". Afortunadamente, no actué según esa línea de pensamiento. En cambio, me senté y procesé mi ira. Más allá de la impotencia, necesitaba entender por qué estaba enfadada. Esto me ayudó a darme cuenta de que mi enfado se debía principalmente a que sentía que se estaban violando mis derechos. Fue durante este proceso que también comprendí que la ira no es la emoción negativa que hemos pintado como tal. Es la forma de actuar cuando estás enfadado lo que provoca la negatividad.

Cuando comprendí que mis derechos fundamentales como ser humano estaban siendo pisoteados y que eso era lo que inspiraba mi ira, pude canalizar esa rabia en formas más positivas que dieran mejores resultados (esto no ocurrió de la noche a la mañana). Estas acciones apaciguaron mi ira y aprendí a abrazarla porque me hizo más consciente de mí misma como mujer. A través de ella, comprendí las cosas que podía tolerar en una relación. También me ayudó a establecer límites más claros en mis relaciones. Ya hablaremos de esto más adelante.

Al alimentar tus emociones, desarrollas una mejor comprensión de ti misma que, a su vez, te ayudará a construir mejores relaciones con los demás

Fase Tres: Esfuerzo Consciente

Esta fase está presente desde el momento en que decides practicar el autocuidado emocional ya que requiere un esfuerzo consciente. Me entristece decir esto, pero la realidad es que muchos de nosotros no hemos sido criados con el debido conocimiento del autocuidado emocional. Nos preparan para sobrevivir a las dificultades físicas de este mundo, pero la mayoría de nosotros no tenemos la suerte de tener el tipo de base que nos ayuda a priorizar nuestra salud mental. Por lo tanto, para entrar en la práctica del autocuidado emocional, tenemos que hacer un esfuerzo consciente. Otra razón por la que el esfuerzo consciente es importante es por nuestra programación mental. Vemos el mundo a través de la lente de nuestra sociedad, que también influye en nuestra percepción del yo. Sin embargo, nueve de cada diez veces, no somos quienes la sociedad dice que somos.

Es nuestro deber tomarnos el tiempo necesario para conocernos a nosotras mismas, comprender nuestras visiones y construir nuestros objetivos. Todo esto requiere un nivel de autoconciencia y un esfuerzo consciente para lograrlo. A medida que te haces más consciente de ti misma, tienes que esforzarte más para deshacerte de las nociones preconcebidas que tienes sobre cómo se supone que debe ser la vida o cómo se supone que debes reaccionar emocionalmente en diferentes situaciones. Por ejemplo, como mujeres negras, estamos condicionadas a creer que una relación en la que el amor duele es la que demuestra tu feminidad. Esto nunca debería ser así. Merecemos hombres que nos quieran, nos respeten y nos traten como las reinas que somos. Sin embargo, si no haces el esfuerzo consciente de aplicar este conocimiento en tu relación contigo misma así como en las que tienes con otras personas, te encuentras repitiendo viejos patrones negativos que traen dolor y daño.

¿Cómo Influye el Autocuidado Emocional en Nosotras?

Desde mi experiencia personal, no empecé a vivir -y me refiero a vivir de verdad- hasta que empecé a practicar el autocuidado emocional. Hasta ese momento, me sentía como si estuviera viviendo mi vida para otras personas y en sus propios términos. Tenía mucho miedo de escribir un libro porque me preocupaba lo que los demás iban a pensar de mí. Dejé de arriesgarme y de vivir aventuras porque permitía que las opiniones de otras personas dictaran lo que debía o no debía hacer con mi vida y mi dinero. Pero esto no es más que un rasguño en la superficie de lo que puedes ganar cuando te imbuyes de la cultura del autocuidado emocional. Hay muchos beneficios, pero sólo me voy a centrar en tres de ellos.

1. Libertad para ser tú.

Todos conocemos esas absurdas reglas de la casa: las chicas deben ser esto... las chicas no deben hacer aquello... y así sucesivamente. Con el autocuidado emocional, puedes liberarte de esas estúpidas reglas y centrarte en ti misma. De este modo, podrás comprender cuáles son tus verdaderas limitaciones y, lo que es más importante, descubrir tu increíble potencial. Cuando inviertes en tu salud emocional, te muestras bajo una nueva luz, en la que descubres que esas cosas que te impusieron o te quitaron por tu género pueden ser la clave para abrir la vida que sueñas.

A veces, la libertad que obtienes es simplemente encontrar la validación en tus expresiones emocionales. Puede que descubras que no eres la novia loca que decían que eras. Simplemente estabas expresando tu necesidad emocional, que es crucial para tu existencia en cualquier relación.

2. Inteligencia Emocional

La inteligencia emocional va más allá de tu capacidad para reconocer las emociones de otras personas. La forma en que actúas con el conocimiento que tienes define el nivel de tu inteligencia emocional. A través del autocuidado emocional, eres capaz de desarrollar una comprensión más profunda de las emociones, y esto te da una mayor capacidad para conectar con personas que puedan estar pasando por circunstancias similares. Y es a través de estas conexiones que eres capaz de desarrollar vínculos más profundos con la gente, dándote la oportunidad de construir relaciones más sostenibles.

3. Autoconciencia

Sin un autocuidado emocional adecuado, es casi imposible determinar lo bien que te conoces a ti misma. Si te limitas a aceptar las etiquetas que la gente te pone basándose en su limitada comprensión de quién eres, te estás privando de la oportunidad de explorar las profundidades de tu personalidad y todo lo que conlleva ser tú. Uno de los principales factores que contribuyen a la falta de autoestima es la ausencia de conocimiento de uno mismo. Cuando no sabes quién eres, aceptas lo que te dan y, a menudo, te quedas con las migajas que caen de la mesa. Esto afecta negativamente a tu autoestima.

¿Por qué es Crucial el Autocuidado Emocional para una Vida Mejor como Mujer Negra?

La cruzada por un mejor autocuidado emocional para las mujeres negras debería haber comenzado hace cientos de años. Ahora mismo, cuando el mundo se sume en el caos debido a la pandemia y a otros factores sociales preocupantes, es aún más importante que las mujeres negras nos unamos y busquemos en nuestro interior las soluciones que el mundo necesita hoy. El punto de partida de cualquier solución tangible en cualquier sociedad es la autorreflexión. Ser una mujer negra en el mundo actual significa muchas cosas para diferentes personas, pero en realidad, nuestro papel en la sociedad es crucial. Sostenemos familias e imperios, y su continuidad depende de que hagamos las cosas bien con nosotras mismas.

Hemos puesto a todos los demás por delante de nosotras mismas y esto nos ha perjudicado. Nos hemos roto más que nunca, y las personas rotas sólo acaban rompiendo a otras personas. A través del autocuidado emocional, podemos empezar a juntar esas piezas y arreglar las áreas de nuestras vidas que lo requieran. Necesitamos una curación profunda en nuestra comunidad, y como mujeres de color, ese daño interno tiene mucho que ver con los mensajes negativos con los que hemos sido criadas o con los que nos rodeamos. Mediante un esfuerzo inteligente por nuestra parte, podemos ser más conscientes de lo que somos. Esto nos ayudará a crecer en nuestro poder y potencial y a través de este poder, podemos empezar a iniciar la transformación que queremos ver en el mundo que nos rodea hoy. Es hora de salir de la negación. Es hora de desprenderse de las mentiras. Pero lo más importante es que ha llegado el momento de ocupar el lugar que nos corresponde en la sociedad. Y el hecho es que sólo podemos hacerlo desde un lugar emocionalmente sano. Teniendo esto en cuenta, exploremos la salud emocional en detalle.

CAPÍTULO UNO

Las Capas Centrales de la Salud Emocional

Todo el propósito de este libro es que te centres completamente en ti misma. Ningún otro capítulo de este libro te exigirá esto más que este primer apartado. Aquí, estamos mirando hacia adentro, y necesitas prepararte para la información de la que podrías ser consciente a nivel subconsciente, pero para la que no estás emocionalmente preparada. Tendemos a evitar estos temas porque no nos gusta cómo nos hacen sentir. Pero debemos entender que el autocuidado emocional consiste en reconocer tus sentimientos y atenderlos. Estos sentimientos no siempre van a ser agradables, pero no pasa nada. La vida no es todo sol y arco iris. Hay días en los que las nubes son oscuras y aterradoras, pero esos días nos traen la lluvia que hace que la tierra se vuelva exuberante y verde.

Con un mejor conocimiento de ti misma, puedes convertir esas emociones oscuras y desagradables en punteros que te dirijan por un camino más idóneo para ti y para la vida que quieres. Cuando comencé mi viaje de autocuidado emocional, una de las cosas que me ayudó fue tener una visión de cuál era mi objetivo final. Quería una vida en la que fuera más feliz porque estaba haciendo las cosas que amaba y experimentando esas cosas con personas que me amaban tanto como yo a ellas. Descubrí que prestar atención a las causas de esas emociones negativas que experimentaba me ayudó a identificar las cosas que realmente quería en mi vida y las que había superado. Y creo que así fue como pude llegar al punto en que mi vida es todo lo que quería ser.

Nota al margen; necesito que te recuerdes constantemente que tener la vida que quieres no significa tener una vida perfecta. El objetivo es tener una vida que sea tan asombrosa que, incluso en los días oscuros, encaje en el patrón de las cosas. Al reconocer lo que es importante para ti, te permites desarrollar soluciones positivas para las cosas que pueden estar causándote problemas emocionales. Cuando nos negamos a nosotros mismos lo que queremos sin desarrollar la autoconciencia, el problema no se desvanece ni desaparece. Simplemente se acumula hasta un punto en el que se vuelve tóxico. Es como tapar una lata de leche estropeada. El hecho de taparla y guardarla en un rincón no significa que la leche deje de ser mala. Simplemente empeora. Lo mismo ocurre con nuestras emociones cuando no las atendemos adecuadamente.

En este capítulo, vamos a ver los tres aspectos fundamentales de la salud emocional. Empezaremos con la autoconciencia, que es el conocimiento de quién eres. A continuación, exploraremos la autoestima, que hace hincapié en cómo te sientes con respecto a lo que eres. Y, por último, tenemos la autoeficacia, que es básicamente el modo en que sirves tus sentimientos sobre ti basándote en el conocimiento que tienes sobre tu identidad para mejorar tu vida y hacerla mejor. ¿Te hace esto rascarte un poco la cabeza? Aguanta. Todo se aclarará dentro de un rato cuando abordemos estas áreas centrales una por una.

Autoconciencia

Cuando dejas de lado tu título en el trabajo, tu estatus sentimental y cualquier riqueza que hayas acumulado o no a lo largo de toda tu existencia, pregúntate quién eres. Muchas de nosotras, por muchas razones equivocadas, hemos vinculado nuestra identidad a las cosas que poseemos, a las personas con las que nos relacionamos y al trabajo que hacemos. Todo esto es importante a su manera. Las relaciones que tienes te proporcionan la unidad que necesitas para prosperar. El trabajo que haces da expresión a tus habilidades y talentos. Las cosas que posees son básicamente tu forma de expresar el placer y la alegría. Sin embargo, por muy grandes, asombrosas o terribles que sean todas estas cosas, no pueden dar profundidad o definición a tu identidad. Eso es algo que viene de dentro.

Vivimos en un mundo obsesionado con las etiquetas, pero evitamos la etiqueta más importante que todas llevamos: la etiqueta del yo. Estas otras etiquetas que elegimos llevar vienen con expectativas. Está la etiqueta de madre soltera, la de esposa paciente y la de mujer independiente, por mencionar algunas. Aunque estas etiquetas pueden encajar perfectamente con nosotros, tendemos a dar más significado a las expectativas sociales que vienen con estas etiquetas. Por ejemplo, existe una expectativa social sobre el aspecto que debe tener una mujer de éxito. Como resultado, muchas de nosotras no podemos identificarnos como exitosas porque sentimos que no encajamos en esa imagen de éxito. Aquí es donde entra en juego el autoconocimiento. Es imprescindible que sepas cuáles son tus objetivos en la vida.

No me refiero a los objetivos que has heredado de tus padres o de las personas a las que has admirado. Me refiero a los objetivos que te dan un sentido de propósito y una sensación de logro. Se trata de objetivos que responden a tus necesidades y deseos más íntimos. Provienen de un lugar de expectativas egoístas. La palabra "egoísta" solía darme escalofríos antes, y eso era porque sólo la asociaba con emociones negativas. Sin embargo, cuando empiezas tu viaje de autorreflexión y miras hacia dentro, no puedes hacer un buen trabajo sin ser un poco egoísta. Esto implica dejar de lado los mensajes con los que has sido educado desde que eras un niño y centrarte únicamente en tus necesidades y deseos. Es desde este lugar desde donde podemos definir cuáles son nuestros objetivos. Es desde aquí que puedes realmente pintar un cuadro de cómo quieres que sea tu futuro, y es aquí donde comenzarás a ver las bendiciones que ya tienes.

Así pues, tómate el tiempo necesario para conocerte a ti misma. No te precipites en el proceso. No escondas nada bajo la alfombra. Haz las preguntas pertinentes. Sé sincera en tus respuestas y, capa a capa, revelarás a la persona que se esconde tras las etiquetas innecesarias.

Autoestima

Saber quién eres es un aspecto de tu recorrido. Cómo te sientes respecto a esta persona que ahora conoces es una historia completamente diferente. Tu autoestima es básicamente tus sentimientos hacia tu percepción de ti misma. Si no te sientes bien con lo que eres, estás destinada a experimentar una pobre autoestima. La baja autoestima no es un resultado directo de la ausencia de ciertas cosas en tu vida. Es la insatisfacción o la incapacidad de aceptar realmente la versión real y honesta de nosotros mismos. Es posible aceptar lo que eres y luego decidir hacer cambios para que puedas crecer y convertirte en la persona que quieres. Sin embargo, si te centras únicamente en convertirte en una persona totalmente diferente sin intentar ser más consciente de ti misma y comprender quién eres, puedes acabar haciendo cambios constantemente y no estar nunca satisfecha.

Hasta hace unos años, la belleza de ser negra no era muy apreciada. En los medios de comunicación, se apreciaba más a las personas de piel clara que a sus contrapartes. Recuerdo que desconocía por completo que en un determinado país hubiera gente con un tono de piel más oscuro hasta que lo visité. Mi desinformación se debía, en gran medida, a lo que mostraban los medios de comunicación. No me sorprendió descubrir que los chicos y chicas morenos de ese país sentían la necesidad de someterse a procedimientos cosméticos para aclarar su piel. A las mujeres negras se nos hace sentir constantemente que no somos lo suficientemente buenas por mucho que nos esforcemos. La lucha por el éxito se ha convertido en algo tan "normal" que pensamos que está bien que las mujeres negras trabajen el doble que sus colegas sólo para obtener menos de la mitad de lo que merecen.

La aceptación de las prácticas injustas como norma no debería minimizar nuestro viaje de autodescubrimiento, pero hace un daño terrible a nuestra autoestima. Se nos hace sentir que debemos competir contra nuestros compañeros cuando nuestra única competencia deberíamos ser nosotros mismos. Imagina que corres una carrera en la que todo gira en torno a la persona que corre a tu lado. La multitud agita sus banderas y corea sus nombres. Incluso las personas que ofician la carrera parecen animar a todos menos a ti. Llega un momento en que sientes que la carrera gira en torno a ellos y que tú eres invisible. Eso es lo que ocurre cuando no eres consciente de ti misma. Te vuelves invisible hasta el punto de que tu autoestima es inexistente. Tienes que detenerte y abrazar cada sentimiento que tengas sobre ti misma... Lo bueno, lo malo... todo. Esto te ayudará a abrazar la idea de quererte en lo peor y en lo mejor. De ahí surge la idea del amor incondicional. No necesitas ser alguien o algo para apreciar tus cualidades únicas. Es a través de la aceptación de cada aspecto de ti misma que puedes empezar a construir una autoestima saludable.

Autoeficiencia

Cuando sabes quién eres y cómo te sientes con respecto a lo

que eres, el siguiente paso lógico en ese viaje es tomar medidas para llegar a donde quieres estar. En eso consiste la autoeficacia. Solía pensar que la autoeficacia consistía en prestar algún tipo de servicio a otras personas. O ser lo suficientemente ingenioso. Sin embargo, en este contexto, es mucho más que eso. Al comprender el conocimiento que has adquirido sobre ti misma y los sentimientos que tienes sobre ese conocimiento, puedes tomar las medidas necesarias para crear el futuro que deseas. Digamos que has tomado conciencia de tus hábitos alimenticios poco saludables y que, cuando te miras al espejo, ves el resultado de esos hábitos alimenticios. Pero en lugar de odiarte a ti misma por ello, elaboras un plan de acción que te ayudará a trabajar hacia el cuerpo que deseas. En esto consiste la autoeficacia.

En tu viaje para ser más sana emocionalmente, tienes que aprender a atender tus emociones. Atender a las emociones no significa consentir todos los sentimientos que tengas. La autoeficacia te ayuda a atender tus emociones utilizando el conocimiento en lugar del instinto. Hacemos algunas cosas de forma instintiva, pero la autoeficacia consiste en reflexionar mucho sobre las acciones que pretendemos realizar antes de llevarlas a cabo.

Practicar la autoeficacia en el autocuidado emocional puede ser tan sencillo como dejarse llevar. Utilizando el ejemplo de los hábitos alimenticios poco saludables, soltar las emociones reprimidas que intentas ahogar con la comida es un acto de autoeficacia/suficiencia. Te permite utilizar tu conocimiento de la causa del mal hábito, y hacer cambios dejando ir. También sirve a tu autoestima porque ya no eres impotente ante el impulso de comer cada vez que tienes una crisis emocional. En cambio, te estás poniendo en una posición de poder al dar los pasos adecuados para convertirte en una versión mucho mejor de ti.

Para mí, la autosuficiencia consiste en mantenerme fiel a mi felicidad, conectándome con acciones, pensamientos y palabras que me den poder y me hagan sentir visible en mi mundo. Ser autosuficiente es permitirte tener confianza en tus decisiones y objetivos. Para ser verdaderamente autosuficiente, debes dejar atrás cualquier trauma del pasado que te haya definido -puede ser un error que hayas cometido o algo que te hayan hecho de niña o incluso de adulta. Aferrarte al dolor te dificulta desarraigar las cosas de tu vida que te han mantenido enjaulado, y seguirán dando poder a tu crítico interior. Tu crítico interior te convence de que no puedes hacer esto o no deberías hacer aquello por razones o experiencias "imaginadas". Aferrarse a emociones como la culpa sólo le da a tu crítico interior más material para usar en tu contra.

Ahora que terminamos este capítulo y seguimos adelante, te proponemos una tarea:

1. Haz el trabajo. No lo dejes para después. No intentes apresurarte. Sólo haz el trabajo.

2. Abrázate a ti misma. Literalmente. Abrázate a ti misma y agradece ser tú.

3. Déjalo ir. El dolor, la decepción, todo ello. Déjalo ir.

Cuando completes estas tareas, te encontrarás al final. La mejor parte del proceso es enamorarse de quién eres y de la persona en la que te estás convirtiendo.

CAPÍTULO DOS

Construye la Percepción de Ti Misma

Después de someterte a una intensa autoevaluación, es posible que te encuentres con carencias en algunos aspectos. El hecho de que debas aceptar todas las facetas de tu persona no significa que seas perfecta y no tengas defectos. Esta aceptación es una parte fundamental del proceso de amarse incondicionalmente, ya que el amor propio no está ni debe estar ligado a ciertas expectativas sobre uno mismo. Sin embargo, la superación personal es una parte importante del viaje del amor propio. El amor que te expresas no implica sólo ser más amable contigo misma, sino también querer mejorar para ti.

Esto nos lleva al tema de este capítulo: la construcción de la percepción de ti misma.

Tu percepción de ti misma definirá tu autoestima. Una de mis cuentas de Instagram favoritas presenta a un pato que actúa como un perro porque fue criado entre 5 perros. Cuando el pato está con sus 5 hermanos, las únicas personas que piensan que es un pato somos tú y yo. Aunque el autoengaño de este dulce pato no es precisamente un buen ejemplo, destaca cómo tu percepción del yo puede inflar tu confianza y ayudarte a mantenerte fuerte frente a las opiniones de los demás. Cuando se trata de tu identidad, eres la única persona con derecho a controlar la narrativa. La gente tiene derecho a sus propias opiniones, pero la persona cuyas opiniones te definen en última instancia eres tú.

En este capítulo, vamos a aprender a separar tu identidad de las percepciones de los demás sobre quién eres. Te desprenderás de esas capas de tu identidad que están construidas sobre mentiras y otras representaciones falsas. Aumentar tu autoestima es importante. Cuando te miras al espejo cada día, ¿tu reflejo representa todo lo que eres o todo lo que desprecias? La forma en que te sientes indica lo alto o bajo que está tu medidor de autopercepción.

Al final de este capítulo, quiero que seas capaz de pensar bien de ti misma. Deja de inventar excusas para ser menos que la mejor. Te mereces algo mucho mejor, pero no puedes esperar que otras personas hagan lo que tú no has hecho por ti. Si estás preparada para dar un empujón a tu imagen, empecemos por la parte más obvia: descubrir las mentiras.

Descubre las Mentiras

Como mujeres negras, nuestra identidad está enmascarada bajo capas de imágenes proyectadas sobre nosotras por otras personas. Empiezas siendo la niña de papá. Luego te conviertes en la mujer de Paul. Si las cosas van según lo previsto, te conviertes en la madre de Rebecca. Este tipo de etiquetas también se encuentran en lugares oficiales. Tu nombre no es suficiente para la gente. Te ponen en una caja porque les ayuda a sentir que te han descubierto.

En lugar de invertir el tiempo y el esfuerzo que supone conocer a alguien y luego descifrarlo, la gente prefiere identificarte con títulos oficiales como asistente personal de Ronson o contable de la empresa. Éstos no son esencialmente erróneos si se miran desde un contexto muy simple. Sin embargo, al ponerte estas etiquetas, también hay una expectativa de cómo creen que debes pensar y comportarte.

Estas expectativas se convierten en las mentiras que utilizamos para vestirnos y forman una parte integral de nuestra identidad.

Ya no miramos nuestras situaciones con lógica porque creemos que hay un estándar que se ha establecido y que se supone que debemos vivir de acuerdo a la identidad que se nos ha dado. Para ser una niña de papá, se espera que dependas de tu padre para prácticamente todo, porque la idea de que una mujer independiente sea una niña de papá es inaudita. Del mismo modo, se espera que la asistente personal de una figura masculina prominente se pliegue a la voluntad de su jefe, incluso cuando éste cruza su espacio personal y, en algunos casos, abusa de la relación empleada/empleador. Cuando te encuentras en una encrucijada en la que tu moral o tu sistema de valores no se alinean con las expectativas de la identidad que te han dado, empiezas a cuestionarte a ti misma y no a los ideales sociales que te han puesto en esa caja.

Cuestionar los ideales sociales que te han metido en un atolladero mental te ayuda a descubrir lo que es real en ti y lo que no. Aquí es donde empiezas a cuestionar la razón por la que la gente espera que te comportes y hables de cierta manera porque eres una mujer negra. Puedes ser una niña de papá y seguir siendo fuerte, feroz e independiente. Es posible ser una niña de papá y no doblegarse ante el patriarcado que espera que seas una damisela indefensa. Sea cual sea la posición que ocupes en la sociedad, el peso de la responsabilidad recae en ti para definir cómo interpretas ese papel. Sí, hay expectativas estándar relativas a los deberes que se espera que desempeñemos. Sin embargo, esos roles no deben formar tu identidad. Comprende tus limitaciones físicas y mentales, y luego úsalas para determinar cómo influyen en tu identidad. No dejes que la gente te imponga su propia versión de tu identidad.

Abraza la Verdad

¿Alguna vez has entrado en una casa vacía y has sentido la presencia de las personas que estaban allí antes? Mi abuelo solía decirme que si vacías una casa y no la llenas después, se hará eco de lo que había antes de que lo sacaras. En otras palabras, si tu único propósito era deshacerte de ciertos objetos de la casa y no los sustituyes por las cosas que quieres, habrá un eco de lo que había antes. La única forma de contrarrestarlo es sustituirlo por otra cosa. De la misma manera, si te deshaces de las mentiras sobre ti mismo y no llenas los espacios vacíos con la verdad, te encontrarás con el eco de las mentiras que había antes. Entiende esto; cuando estás en esta guerra mental que involucra lo que la sociedad piensa de ti versus lo que tú piensas de ti misma, la verdad y las mentiras son las armas más utilizadas. En el segmento anterior, nos centramos en descubrir las mentiras, especialmente las que tienen que ver con las expectativas sociales basadas en las cajas colocadas sobre nosotras por las personas de nuestro entorno inmediato.

En este segmento, te animamos a que no sólo descubras cuál es la verdad, sino que la aceptes. Hay un tópico general: la verdad duele. Esto sólo es cierto hasta cierto punto. La verdad sólo es dañina cuando su única intención es herir al receptor de esa verdad. Ahora bien, esta es una tarea de autoevaluación, y el objetivo es empoderarse. Por lo tanto, la verdad que descubras durante este proceso no te hará daño, sino que te potenciará. El proceso de aumentar tu auto-poder requiere un poco de malestar, pero no del tipo que produce dolor. Simplemente te aleja de tu zona de confort. Cuando te enfrentas a ciertas verdades sobre tu identidad, puede que tengas que tener pensamientos incómodos. La única razón por la que esos pensamientos son incómodos es porque has sido educada de una manera específica, y la verdad puede obligarte a ir en contra de lo que crees que son tus ideologías en la vida.

La verdad te obliga a ampliar tus perspectivas. Te da más de un punto de vista a la vez y es a partir de estas diferentes perspectivas que obtienes más información sobre la persona que eres. Es como tener un ordenador de alto rendimiento en manos de una persona que no tiene ni idea de informática. Lo utilizará para tareas básicas y el ordenador nunca se utilizará en todo su potencial. Pero en manos de un genio de la tecnología, ese ordenador se convierte en un enorme instrumento para hacer cosas increíbles. Eso es lo que hace conocer la verdad sobre nosotros mismos. Esto, a su vez, te ayudará a construir tu percepción de ti misma.

Por muy extraña que parezca la verdad y por muy incómoda que se sienta, tienes que ponerte en situación de aceptar esta nueva verdad. Por ejemplo, durante años se ha llamado a las mujeres el vaso más débil simplemente porque la sociedad lo dice. Sin embargo, cuando observas tu viaje por la vida y las cosas que has logrado hasta este momento, descubrirás que hay poder en ser una mujer. Puede que esta verdad no resulte cómoda para otras personas. Puede que ni siquiera te resulte cómoda a ti, pero si vas a aprender la nueva verdad, debes aceptarla.

Renueva tu Identidad

Siempre que pienso en el reposicionamiento de la marca y la identidad, la primera imagen que me viene a la mente es la de la botella de Coca-Cola. Se trata de una marca que existe desde hace más de un siglo y que se promociona constantemente. Resulta casi difícil creer que se trata de una bebida inventada por un médico, que se vendía exclusivamente en una farmacia y que en un tiempo se creía que curaba la tos. A medida que los tiempos evolucionan y las políticas cambian, la empresa se renueva y se convierte en una bebida que contiene felicidad. Si esto es cierto o no, no se puede debatir. Fue una historia que nos vendieron, y el mundo entero se la creyó porque Coca-Cola es ahora una marca global. Ese es el poder de la renovación de la identidad: le cuentas a la gente tu historia, no al revés.

Hasta ahora, has descubierto mentiras sobre quién eres y has expuesto algunas verdades sobre ti misma. El siguiente paso en este viaje es fusionar la verdad con tus expectativas sobre ti misma. Unas palabras de advertencia: no es el momento de ir por la borda con tus ideas. ¿Qué quiero decir con eso de ir por la borda? Puede que quieras perder algo de peso. Eso es algo a lo que puedes aspirar, pero decidir perder 15 kilos en 3 días es ir por la borda. Eres libre de soñar. No hay necesidad de poner un límite a lo que puedes ser. Sólo hay que asegurarse de que la nueva identidad no acabe por romperte en el proceso. Si vas a fijarte un objetivo corporal o de belleza, asegúrate de que lo haces por ti. Esto es muy importante porque acabamos de salir de un lugar en el que nuestra identidad estaba formada por la opinión y las perspectivas de otras personas. Ahora que tienes la oportunidad de cambiar de marca, no repitas los mismos errores.

Entonces, ¿cómo se renueva la marca? En primer lugar, siéntate. Tómate un minuto y piensa en la mujer en la que quieres convertirte. Imagina cómo vive su vida cada día desde el momento en que se despierta. Piensa a qué hora se despierta esa mujer, qué tipo de actividades realiza desde el amanecer hasta el atardecer. Piensa en cómo se viste y, mientras te imaginas estas cosas, imagina cómo te sentirías tú al hacerlas. Esto es importante porque estás entrando en una nueva era dentro de ti donde tu felicidad es la prioridad. Si vas a vivir tu vida en tus términos, tu cambio de imagen debería consistir en convertirte en una persona que te haga sentir aún mejor contigo misma. La clave para conseguirlo es asegurarse de que esta nueva imagen se construya sobre la verdad de uno mismo y sobre las cosas que desencadenan emociones positivas. Nunca debe tratarse de lo que la gente cree que debe ser tu aspecto o tu vida.

Capítulo Tres

Alcanza el Equilibro Emocional

En mi opinión, el equilibrio emocional se refiere a la capacidad de gestionar eficazmente las emociones de forma honesta y saludable. La gente piensa que no reaccionar a tus emociones te hace emocionalmente equilibrado. O que el hecho de no sentir emociones negativas habla de tu madurez emocional. Todo esto es erróneo. Somos seres humanos. Una de las marcas que nos definen como personas son las emociones. Estamos hechas para sentir y experimentar la vida tal y como nos sucede. Y a veces, necesitamos reaccionar a estas emociones para explorar plenamente las experiencias que nos rodean. Si no lo hacemos, se crea un desequilibrio en nuestra vida emocional y, cuando hay un desequilibrio emocional, es difícil entrar en nuestra identidad como mujer negra poderosa que ha sanado del trauma y está ascendiendo a su genialidad.

Cuando definí el equilibrio emocional, utilicé dos palabras que son el sello del verdadero equilibrio emocional: "honestidad" y "saludable". Tienes que ser honesta con lo que sientes y asegurarte de que reaccionas a esos sentimientos de forma saludable. Pero antes de ser honesta con lo que sientes, debes ser consciente. Y ese es un tema que encontrarás a lo largo de este libro. No puedes permitirte el lujo de vivir tu vida en una configuración por defecto en la que actúas y reaccionas por instinto. Es aún peor cuando te das cuenta de que los instintos con los que actuamos fueron escritos en nuestro ADN hace millones de años. Esto fue en una época en la que la vida era completamente diferente a como es ahora y la base secundaria de nuestro instinto es el entorno en el que nos encontramos. Por lo tanto, cuando se confía en el instinto, se está confiando en estrategias de supervivencia obsoletas e incrustadas biológicamente en nosotros. Esto significa que puedes no estar actuando en lo que es mejor para ti.

En este capítulo, voy a explorar lo que significa ser plenamente consciente de lo que sentimos. Esto incluye hacerse las preguntas necesarias sobre el "qué". Preguntas como, ¿qué estoy sintiendo? ¿Por qué me siento así? A través de las respuestas que obtenemos, podemos ser capaces de descubrir los miedos subyacentes que nos han mantenido atados y han dado poder al crítico interior que llevamos dentro. Cuando somos conscientes, nos sinceramos sobre nuestros sentimientos. Es una locura que hayamos aceptado negar lo que sentimos basándonos en alguna expectativa social de género. Por ejemplo, se supone que los hombres no deben llorar y que las mujeres son demasiado emocionales. Así que, como queremos evitar estas etiquetas, negamos nuestros sentimientos. Pero no más. Para alcanzar el equilibrio emocional, debes ser honesta con lo que sientes y aprender a reaccionar a esas emociones de forma saludable.

Enfréntate a tus Miedos

Una de las cosas más locas que aprendí en mi viaje fue el hecho de que el miedo no es una emoción negativa per se. Es la forma en que reaccionamos ante él lo que crea una experiencia negativa. No hay ninguna emoción verdadera que sea negativa. Es nuestra reacción a ellas lo que causa la negatividad. Si reaccionas negativamente a emociones positivas como el amor y la felicidad, obtendrás un resultado negativo. Y sí, es posible reaccionar negativamente al amor. Sin embargo, este no es el tema de este capítulo. Nuestro enfoque es en esta cosa llamada miedo. A menudo, cuando nos plantamos en un entorno que nos saca de nuestra zona de confort, la primera emoción que surge es el miedo y este miedo tiene una forma de empujarnos a ser precavidos antes de tomar una decisión. En última instancia, se trata de proteger tus intereses. Cuando entiendes que el miedo proviene de un lugar de autoconservación, empiezas a construir una actitud diferente hacia él.

Debes darte cuenta de que, al protegerte, te estás limitando a desarrollar tu potencial, lo que significa que el miedo ha tomado el control. En este escenario, el miedo ya no te sirve. Se ha convertido en un obstáculo. Para contrarrestarlo, es importante explorar los miedos que has tenido en tu vida. A veces el miedo es el resultado de experiencias directas o indirectas. Cuando seas precavido en tus relaciones, haz una pausa para formular preguntas críticas como "los porqués". ¿Por qué haces esto? ¿Por qué no haces eso? Cuando comprendes la razón que hay detrás de tu acción, el miedo ya no se convierte en una barrera, sino en un aliado en tu camino. Consigues entender hasta dónde tienes que ser precavido. ¿Te va a llevar a los tres primeros pasos o a los 50 siguientes? Si descubres que tus miedos se basan en cosas irracionales o en teorías obsoletas, entonces es el momento de reevaluar tus decisiones para que puedas dar los pasos audaces que necesitas para llegar al siguiente nivel.

A la gente le gusta utilizar términos grandilocuentes como "matar a tus dragones" para definir el hecho de enfrentarse a tus miedos. Hace que parezca que estás haciendo algo monumental, y esto puede impedirte dar un paso. La mejor manera de abordar esto es cuestionarse a sí mismo. Hacer las preguntas adecuadas nos obliga a cambiar de perspectiva y nos lleva a una razón creíble. Y hasta que puedas identificar con precisión una razón que resuene con tu ser, debes seguir avanzando. El paso más aterrador es el primero que das. Cuando das ese primer paso y te das cuenta de que los miedos no son lo que tú hacías parecer, te resulta más fácil dar el siguiente paso y el siguiente hasta llegar a un final concluyente. Otro miedo que hay que vencer es el miedo al fracaso. Muchas mujeres negras se frenan a sí mismas porque tienen miedo de lo que pasará si fracasan. Tienes que entender que el fracaso no es una experiencia definitoria. Te proporciona lecciones si miras más allá del dolor o las emociones negativas que evoca ese fracaso. Mi mentor siempre me decía que el miedo al fracaso es la jaula del potencial. Si realmente quieres ser la mujer que crees que estás destinada a ser, debes dejar de lado este miedo.

Derriba esos Muros Emocionales

Como mujeres, cuando experimentamos una emoción negativa a causa de un desamor, una traición o una decepción, decidimos cerrarnos emocionalmente porque creemos que si tenemos nuestros muros emocionales levantados, nadie puede hacernos daño. En teoría, esto suena bien. Si se eliminan las emociones, se elimina el dolor que éstas causan. Pero la contrapartida es que nos priva del privilegio y la alegría de vivir la vida de verdad. Sin emociones, nos convertimos en entidades vacías que se limitan a existir; incapaces de conectar a un nivel más profundo con las personas que nos rodean. Sí, la traición es dolorosa. Cuando amas a alguien y confías en él y luego se da la vuelta y te apuñala por la espalda, ese dolor duele como ningún otro. Pero, ¿adivinen qué? Eso forma parte de nuestras experiencias como humanos.

¿Es posible vivir una vida sin desamor? Probablemente. Pero tendrías que ser la persona más precavida del mundo o la más afortunada. Sin embargo, si te pasas la vida protegiéndote de los desamores, acabas protegiéndote de otras emociones importantes como la amabilidad genuina, el amor o la felicidad. Te resultará difícil dejar que la gente entre en tu vida. Son las personas que dejas entrar en tu vida las que te darán ricos recuerdos que te durarán toda la vida. Si quieres silenciar a tu crítico interior, tienes que aprender a derribar esos muros. Pero tienes que entender que también hay amor ahí fuera. También hay personas que llenarán tu vida de tanto disfrute que agradecerás el dolor que experimentaste en el pasado porque te llevó a este punto.

La verdad es que mereces vivir una vida de alegría. Mereces amar y ser amado. Mereces estar en relaciones con personas que te honren y te respeten. Pero ese tipo de situaciones sólo pueden darse cuando te dejas amar. Cuando levantas un muro emocional, te cierras al resto del mundo. Puede que consigas dejar fuera esas emociones negativas que intentas evitar, pero seguramente también dejarás fuera la felicidad. No digo que no puedas encontrar la felicidad en tu interior. Pero si vas a aceptar la verdad, debes aceptarla toda. Y una verdad importante es que dependemos de nuestros semejantes para tener una experiencia vital plena y saludable. Recuerda que derribar esos muros emocionales no significa que tengas que ser estúpido en las decisiones que tomes. Llegaremos a eso en un capítulo posterior en el que aprenderás a establecer límites saludables en cualquier relación. Pero por ahora, acepta que abrirte es la única manera de recibir lo que esperas.

Sé Vulnerable

Una de mis películas favoritas para ver con mis hijas es *Amigos con beneficios*. Es una película que muestra la necesidad de la vulnerabilidad en nuestras relaciones. Estas dos personas se unieron porque sentían una inmensa atracción mutua. Sin embargo, debido a sus relaciones anteriores y a las experiencias negativas que tuvieron, decidieron que querían una relación en la que las emociones estuvieran estrictamente reguladas. Iban a ser sólo dos personas que tuvieran sexo cada vez que sintieran el impulso, pero sin las complicaciones emocionales que conllevan las relaciones. El problema de este acuerdo desde el principio fue el hecho de que primero eran amigos. Cuando se es amigo de alguien, existe una conexión emocional. Es un esfuerzo inútil intentar entrar en una "relación de situación" con un amigo.

Es como decir que vas a comprar tu pastel favorito del mundo, guardarlo en la nevera y no comerlo. Especialmente cuando te niegas a llenar tu nevera con cualquier alimento alternativo. Es un desastre a punto de ocurrir. Ser vulnerable en el mundo actual se interpreta a menudo como ser débil. La gente cree que ser vulnerable te lleva a la decepción. Sin embargo, cuando entablan relaciones, esperan que la gente sea capaz de leerles la mente, saber lo que quieren y ofrecérselo. Esto es imposible. Ser vulnerable consiste en expresar tus expectativas a los demás. Es tan sencillo como eso. Ahora bien, ser vulnerable no significa amar a alguien hasta la estupidez. Eso es simplemente un comportamiento tonto. Digamos, por ejemplo, que te registras en una aplicación de citas. En esas plataformas, encontrarás todo tipo de personas; gente que sólo quiere tener sexo, gente que quiere tener conversaciones, e incluso gente con objetivos más siniestros.

Ser vulnerable en una plataforma de este tipo no es poner la dirección de tu casa y los datos de tus ingresos mensuales para que la gente te conozca por lo que tienes. Eso es una locura. La forma correcta de ser vulnerable es hacer saber a la gente lo que esperas de cualquier relación que establezcas. Claro, algunas personas pueden querer aprovecharse de esta información que has proporcionado para conseguir lo que quieren de ti. Hablaremos de esto en otro capítulo. Pero por ahora, recuerda lo que dijimos sobre el miedo al fracaso y cómo eso enjaula tu potencial. Cuando decides retener información que es crítica para el éxito de cualquier relación que construyas porque tienes miedo de que alguien se aproveche de ella, estás matando el potencial de encontrar una posible cita. Esto se aplica a otras áreas de tu vida. Ser vulnerable es esencialmente exponer tus intenciones y tener el valor de mantener tus principios conformándote sólo con lo que quieres. Nada más y nada menos. Ser vulnerable es un tipo diferente de fuerza y cuando pasemos al siguiente capítulo para hablar de la oscuridad interior, entenderás lo poderoso que es ser vulnerable.

Capítulo Cuatro

La Batalla Interior

Para convertirte en una mujer negra empoderada que no sólo sobrevive al mundo en el que vivimos hoy, sino que prospera en medio del caos, debes buscar la fuerza en tu interior. Sin embargo, debido a nuestros desastrosos antecedentes, a nuestras locas experiencias y a nuestras aún más locas expectativas autoimpuestas, hay una guerra interna que debemos ganar si queremos darnos una oportunidad en esta vida. Esta guerra nace de un conflicto emocional que surge cuando nuestro sentido del yo choca con la proyección de las expectativas de los demás sobre nosotros.

En este capítulo, vamos a analizar tres fuentes principales de esta batalla: la ansiedad, la depresión y la ira. Casi todas las mujeres negras que conozco han visto sus experiencias vitales empañadas por una o todas estas emociones.

Se nos hace sentir que hay cosas específicas que debemos tener y que, sin ellas, no podemos ser consideradas sanas. Por ejemplo, una mujer de treinta años, soltera y sin hijos suele considerarse incompleta, y esta falta de plenitud nos hace sentir fracasados. Según nuestros propios criterios, podemos considerarnos mujeres exitosas y realizadas. Pero en presencia de otras personas, nuestros logros disminuyen porque hay una expectativa de lo que deberíamos ser, y esto nos deja preocupadas. Como si nuestras luchas de niñas negras no fueran suficientes hoy en día, nuestro dolor es a menudo silenciado. Hay casos de mujeres negras que desaparecen durante meses y años antes de que las fuerzas del orden se tomen en serio las denuncias. Esta actitud displicente hacia nuestro bienestar y la ausencia de seguridad nos daña física y emocionalmente. Y lo que es peor, como a menudo nos ponen en esta situación las mismas personas que se supone que deben velar por nuestros intereses, esto crea otra forma de ansiedad.

Sin embargo, quiero que sepas que el hecho de que esta sea una experiencia común no significa que tenga que definir tu experiencia personal como mujer negra. Sí, hay prejuicios sociales, injusticias y otras cosas de las que hablaremos en este libro. Pero, por ahora, debes centrarte en ti misma, en tu viaje, en tu experiencia y en cómo puedes abordar lo que ocurre en tu interior. De esta manera, puedes llegar a la luz que está dentro de ti y a través de esa luz, iluminar tu esencia y compartir esa luz con el resto del mundo. Ese es el objetivo de este libro. Al fin y al cabo, quiero verte brillar. Quiero verte elevarte por encima de tus miedos, de tus fracasos y de cualquier limitación que la sociedad te haya impuesto. Quiero que seáis capaces de abrir la boca y decirle al mundo: "Soy una mujer negra de éxito", y que lo digáis con todas las fibras de vuestro ser. Para ello, debemos hacer frente a estas tres emociones que han carcomido el corazón de nuestra comunidad como mujeres negras.

Ansiedad

La ansiedad se ha convertido en una palabra de moda en nuestro mundo. Es tan común que la gente utilice la palabra que se le perdonaría suponer que es una moda. Sin embargo, por muy "de moda" que pueda parecer, la ansiedad es algo que existe desde hace siglos. La principal diferencia entre la ansiedad del pasado y la del presente es que ahora está mucho más documentada. Además, la gente reconoce su ansiedad. Pero, ¿qué es exactamente esta ansiedad? ¿Y cómo/por qué su impacto en la comunidad negra, especialmente en sus mujeres, es tan vital para su viaje de transformación? Antes de entrar en materia, permítanme recordarles que no soy una experta en el tema. Lo hago desde mi experiencia y la de personas cercanas a mí. Los datos clínicos sobre la ansiedad se pueden encontrar en Internet, en libros, etc. Lo que se va a tratar aquí es la ansiedad en términos generales desde la perspectiva de alguien que ha vivido con ella durante años y ha aprendido a manejarla. Así que, con eso en mente, entremos en materia.

En mi opinión, la ansiedad es la respuesta exagerada del cuerpo a la preocupación y la inquietud. Sin embargo, no es tan sencillo como parece. Nada lo es. Cuando estás ansioso, se activa tu respuesta biológica de lucha o huida. Tus emociones están tan alerta que inician una respuesta física. Esa preocupación y esa inquietud se expresan en forma de ritmo cardíaco elevado, respiraciones cortas y otros síntomas físicos acompañantes. Es interesante observar que este miedo no siempre se basa en la realidad. A menudo se trata de la mente reviviendo una experiencia o anticipando un resultado negativo. No se me dan bien las interacciones sociales. Me encanta estar rodeado de gente, pero la idea de hablar con las personas de forma verbal o no verbal me produce ansiedad. La causa de mi ansiedad es que me caí en un escenario cuando tenía 7 años. Cada vez que me meto en una situación social, temo acabar cayendo de bruces. En esencia, mi ansiedad no se basa en acontecimientos en tiempo real. Por lo general, la ansiedad se aferra al miedo, lo amplifica y luego te paraliza por dentro.

En nuestra comunidad, creemos en los acontecimientos reales. Cuando estás ansioso porque hay un peligro real o un motivo de preocupación en tu entorno, recibes la simpatía de la gente. Pero reaccionar a la preocupación sin ninguna prueba física que apoye la causa de tus preocupaciones atraerá críticas y juicios duros que dispararán aún más tu ansiedad. Muchas mujeres negras tienen que parecer fuertes. Se nos anima a reprimir nuestros miedos cuando el único resultado es el crecimiento masivo de esos miedos que conducen a años de tortura emocional. El objetivo no debería ser ignorar tus miedos, sino negarte a permitir que controlen tus acciones. Debemos enseñarnos a explorar nuestros miedos. Descubrir su origen y la razón de ser de los mismos. Escucha a tu cuerpo. No te juzgues basándote en lo que crees que van a pensar o decir los demás. Y lo más importante, no dudes de ti mismo. Tus miedos y preocupaciones son reales. Pero no deben tomar el control de tu vida.

Depresión

La vida está llena de altibajos. Este es un eslogan con el que probablemente te hayas topado. La depresión funciona de la misma manera, excepto que hay más bajadas que subidas. Estar triste de vez en cuando es perfectamente normal. Es una respuesta natural al dolor de la pérdida. Y la pérdida es algo con lo que todos lidiamos en algún momento de nuestras vidas. La gravedad de la pérdida que experimentemos determinará el grado de duelo que vivamos. Además, nuestra capacidad para gestionar eficazmente nuestra tristeza. Sin esta capacidad, cuando lleguemos a esos puntos bajos de la vida, nuestra reacción nos arrastrará aún más abajo. La depresión es como una nube oscura constante en lo que debería ser un día brillante y soleado. Algunas personas la han descrito como un peso constante sobre sus hombros. Como ahogarse con pesos atados a los pies. Es una descripción horrible, pero la sensación de impotencia que conlleva lo hace aún peor.

Nuestra comunidad está plagada de pérdidas. Pérdidas evitables, pero dolorosas al fin y al cabo. La injusticia racial y los prejuicios que hacen tediosa la vida cotidiana se han vuelto "aceptables". De hecho, algunas personas llegan a justificar el trato que se da a las personas que consideran diferentes. Cuando se tienen en cuenta los retos que conlleva la vida en general y el hecho de ser una mujer negra, las probabilidades están en contra. Esto crea un entorno perfecto para una tristeza abrumadora que puede transformarse en depresión. Como prácticamente todo el mundo experimenta el dolor de la pérdida, somos incapaces de consolarnos unos a otros, y mucho menos a nosotros mismos. Como resultado, poco a poco nos convertimos en maestros en el arte del luto. Aprendemos a sobrellevar el dolor, pero rara vez aprendemos a sanar. Lamentablemente, transmitimos este estilo de vida de luto a la siguiente generación, y el ciclo continúa. Esta no tiene por qué ser tu historia.

Superar la depresión no consiste en superar el dolor. Se trata de una verdadera curación. El cliché "el tiempo cura todas las heridas" no puede ser cierto si no aprovechas el tiempo para iniciar los pasos hacia la curación. Enterrar tu dolor puede proporcionarte un respiro, pero no te da las habilidades necesarias para gestionar eficazmente el dolor, la pérdida y el duelo. Si vas a superar esa voz interior negativa, debes aprender a gestionar tu reacción a los bajones y momentos bajos de la vida. La gestión del dolor o de la pérdida es una habilidad vital esencial para alcanzar todo nuestro potencial. Ojalá la vida fuera todo rosas y nada de espinas. Pero si sólo te preparas mentalmente para las partes buenas de la vida, te dejas excepcionalmente vulnerable cuando llegan esas partes no tan buenas.

Ira

La ira es una emoción que ha adquirido una imagen negativa. La gente cree que la ira es algo que no debe experimentarse en absoluto, cuando en realidad es crucial para una experiencia de vida sana. La ira es una forma biológica de hacernos saber que alguien ha violado nuestros derechos. No siempre significa que tengas razón. Sólo significa que tienes ciertas líneas subconscientes y que alguien puede haberlas cruzado, haciéndote enfadar. La ira no es mala. Como he dicho, no creo en las emociones negativas. Sin embargo, nuestra reacción a estas emociones es lo que calificamos como negativo o positivo. Cuando te enfadas y atacas agresivamente a otras personas, tu ira se convierte en algo negativo. Pero cuando aprendes a gestionar la ira de forma eficaz y a reaccionar ante ella de forma adecuada, tu ira se convierte en un poderoso aliado.

Nuestra perspectiva actual respecto a la ira está alimentada por lo que hemos presenciado en nuestra comunidad. Vemos la ira en su forma cruda y excesiva. Esto hace que nos resulte difícil comprender esta compleja emoción y aprender a gestionarla. No debemos silenciar nuestra ira ni fingir que no es real. Al mismo tiempo, se supone que no debemos ceder a la rabia que sentimos cada vez que nos invade. En nuestra comunidad, desaprobamos el concepto de control de la ira porque creemos que connota debilidad. Irónicamente, es la exhibición excesiva de rabia lo que a menudo se aplaude, especialmente en los hombres. En las mujeres, eso es motivo de entretenimiento. Nos llaman picantes por ser expresivas con nuestra ira hasta que los despreciamos. Entonces nos llaman perras. Ninguna de estas actitudes es saludable. Necesitamos un enfoque más beneficioso para abordar nuestra ira.

Como mujer negra, entiendo tu enfado. La sociedad nos ha tratado injustamente. Los hombres que se supone que deben amarnos y protegernos acaban abusando de nosotras y esto ha creado mucha rabia. Por no hablar de la rabia que hemos heredado de los dolores que sufrieron nuestros antepasados. Tenemos mucho que sanar como comunidad. Pero antes de llegar a ese punto, tenemos que empezar por sanar individualmente. El proceso de curación comienza con la comprensión de cómo gestionar los sentimientos, especialmente la ira. Está bien estar enfadado, pero no dejes que llegue al punto de la rabia. En el proceso de gestión de la ira, debes intentar no anteponer las expectativas de los demás a tus sentimientos. Sí, la ira debe ser controlada. Pero no olvides que la ira te permite saber cuándo se ha violado tu espacio personal o tus límites.

Es importante reaccionar (de forma saludable, por supuesto) para poder establecer esos límites y mantener un espacio propicio para tu salud mental y física. No te entretengas con las payasadas de otras personas simplemente porque quieres controlar tu ira. Sé racional en tu reacción, pero asegúrate de reconocer esa emoción, su causa y quizás la solución. Y hablando de causas, una de las fuentes subyacentes de la ira que está arraigada en nuestra comunidad hoy en día es el muro racial que nos ha obligado a vivir como parias dentro de nuestra propia comunidad. La gente nos mira y recurre a sus prejuicios y sesgos antes de conocernos. Esto ha provocado un trato injusto y muchas injusticias. No hace falta que esboce las luchas que hemos tenido que afrontar en diversas sociedades simplemente por el color de nuestra piel. El siguiente capítulo nos enseña a manejar las expectativas sociales basadas en el color de la piel y el género. No excusa el comportamiento o la actitud que la sociedad tiene hacia nosotros. Simplemente nos educa sobre cómo funcionar y prosperar bajo esas feas circunstancias.

Capítulo Cinco

La Guerra de Razas

El ser humano es comunitario por naturaleza. Estamos programados biológicamente para compartir nuestros espacios con los demás. Sin embargo, para que esto ocurra deben cumplirse algunas condiciones. Una de esas condiciones es compartir similitudes. Creemos erróneamente que para tolerar y vivir en paz unos con otros, debemos parecer, pensar y actuar de forma similar. Cualquiera que sea diferente a nosotros es un extraño y, por tanto, no merece los beneficios de formar parte de una comunidad. Aunque esto suene desalentador, ni siquiera es lo peor. Por alguna razón, hemos decidido que ciertas cualidades merecen que una persona tenga o valga más que otras. Estas cualidades están incrustadas en el color de nuestra piel, el tamaño de nuestras carteras e incluso en el idioma que hablamos.

La idea de que una raza es intrínsecamente superior a otra ha provocado guerras mundiales. Y aunque hayamos apagado las llamas de las tres últimas guerras, la batalla continúa. Hay personas que creen que tienen derecho a beneficios específicos simplemente porque su piel tiene un tono más claro. Creen firmemente que las personas con un color de piel más oscuro son inferiores y están al lado de los animales. Por tanto, no deberían formar parte de la sociedad. Esto condujo al nacimiento de un sistema que antagoniza activamente a las personas de color. Esto es irónico porque vivimos en una sociedad que es diversa y, evidentemente, una que se ha beneficiado inmensamente de nuestra diversidad. Sin embargo, algunas personas consideran que esos beneficios deberían asignarse a los blancos.

Ha habido varios intentos de concienciar sobre esta injusticia. Nuestros antepasados, así como las personas que se han dado cuenta de lo absurdo de esta guerra racial, han protestado durante cientos de años. Pero aun así, prevalece en la sociedad. Las estadísticas que destacan el impacto de la guerra racial contra la gente de color son sorprendentes y desconcertantes. Nuestra comunidad ha sufrido pérdidas, dolores, angustias y graves colapsos mentales. A pesar de denunciar a las personas que deciden oprimirnos, no ha cambiado mucho. Es cierto que las cosas no son como antes, pero el cambio ha sido terriblemente lento. Sin embargo, algunas personas han conseguido prosperar en esas condiciones sin perder su sentido del ser y su integridad. En este capítulo, vamos a aprender a hacer lo mismo.

Prejuicios Sociales Dañinos

Nuestra primera opinión del yo se desarrolla durante los primeros años de nuestra existencia. Las personas con las que nos relacionamos y la comunidad en la que vivimos desempeñan un papel muy importante en la definición de nuestra percepción del yo. Ya hablé de esto antes y ahora verás cómo se desarrolla. Hay muchos conceptos sociales erróneos y perjudiciales sobre ser una mujer negra. Y como estas cosas se repiten en los contenidos que consumimos, no es de extrañar que muchas de nosotras absorbamos estos mensajes y los utilicemos como nuestra identidad. Voy a hablar de tres de los conceptos sociales erróneos más perjudiciales sobre las mujeres de color.

1. Tolerar el Abuso es una Señal de Fortaleza

Las mujeres negras son inherentemente fuertes. Este es uno de nuestros superpoderes. Somos fuertes física, emocional y mentalmente. Sin embargo, la definición de esa fuerza nos ha sido mal comunicada. Cuando se nos pone en relaciones, una de las cosas que se espera de nosotras es que seamos muy sufridas, con énfasis en la última parte. Una mujer virtuosa es descrita como una mujer que soporta todos los excesos de su marido con la esperanza de tener su amor como recompensa por su resistencia.

La lealtad se predica en las relaciones, pero en nuestra comunidad es una expectativa desigual en el sentido de que se espera que las mujeres sean leales a sus hombres. Pero no se exige la misma lealtad a los hombres. Muchas mujeres negras son puestas en relaciones en las que sus parejas las maltratan física, mental y emocionalmente, y en el momento en que ella dice que está harta, es acosada por su decisión porque la sociedad siente que no está mostrando fortaleza. Este tipo de pensamiento colectivo ha dejado a muchas mujeres atrapadas en matrimonios y relaciones que las degradan y les hacen cuestionar sus instintos, sus emociones y su cordura. Este abuso potencia esa voz interior negativa de la que intentamos deshacernos. La verdadera fuerza reside en la capacidad de una persona para perseguir implacablemente sus objetivos, independientemente de los obstáculos que encuentre en su camino. Es tu capacidad para elevarte por encima de tus circunstancias, no en tu capacidad para soportar la crueldad de los demás.

2. Las Mujeres Negras son una Especie Inferior

Me alegro de que las mujeres negras estén empezando a redescubrir la magia que llevamos dentro. Sin embargo, las cicatrices dejadas por siglos de abusos raciales han incrustado el concepto de que las mujeres negras son inferiores en la mente de mucha gente, incluidos los miembros de nuestra comunidad. Nuestra belleza, nuestra cultura, nuestros rasgos y todo lo que nos rodea se ridiculiza por el color de nuestra piel. Con años de refuerzo del mismo mensaje, no es de extrañar que muchas de nosotras hayamos aceptado la idea de que somos inferiores a las mujeres con distinto color de piel.

Creemos que para ser aceptadas tenemos que cambiar nuestro aspecto y modificar nuestros rasgos para poder mezclarnos con el resto del mundo. Esto es un error. Tú eres hermosa. Eres poderosa. Tu belleza es el material sobre el que escriben los poetas. Si vas a la Biblia y lees los Cantos de Salomón, él hablaba de una hermosa mujer negra. ¿Ves la letra utilizada en esa obra? Describe la belleza como ninguna otra. Tienes que empezar a verte a ti misma bajo una luz diferente. Mujer, eres hermosa.

3. Las Mujeres Negras Están Destinadas al Fracaso.

Mi cita favorita de todos los tiempos es: "Tanto si puedes como si no puedes, tienes razón". Debido a la forma en que se ha establecido la sociedad, las estructuras sociales apoyan a las personas con tonos de piel diferentes a los nuestros. Esto significa que, desde el momento en que nacen, se les proporcionan los recursos adecuados para ayudarles a llegar a su destino sin esfuerzo. A las personas de color, en cambio, se nos priva de las necesidades básicas, lo que hace que nuestro viaje sea el doble de duro y tenga más probabilidades de fracasar. Sin embargo, tienes que entender que la ausencia de esos recursos no determina automáticamente el resultado final de tu vida. Tú eres el principal factor que define lo lejos que podrás llegar. Sí, sería más fácil si tuvieras esos recursos a tu disposición. Y sí, tenemos que trabajar el doble para salir adelante. Pero ahí es donde entra en juego nuestra fuerza inherente.

Mientras trabajamos juntos para construir una sociedad que ofrezca igualdad de oportunidades a todos nosotros, debemos forjar nuestro propio camino en las duras circunstancias que se nos presentan. Nuestra fuerza debe ser canalizada para progresar mental, física y económicamente. El hecho de que nos haya tocado una situación difícil en la vida no nos exime de intentar ser mejores de lo que éramos antes. La idea de que estás destinado a fracasar simplemente porque la sociedad te ha robado tus derechos es perjudicial. Corrige eso reconociendo lo que tienes y canalizándolo para tu mayor beneficio.

Los Efectos Paralizantes del Racismo

La discriminación racial es algo con lo que la gente de color está íntimamente familiarizada. Forma parte de nuestra experiencia diaria. Así que me ahorraré los problemas y me centraré en los aspectos relacionados con las razones por las que has comprado este libro.

1. Estrés Negativo

La discriminación racial desencadena factores de estrés en nuestro entorno que nos dificultan vivir realmente en condiciones favorables para nosotros. Imagina esto: estás en medio de un hermoso día. El tiempo es perfecto, tus compañeros de trabajo se comportan de la mejor manera posible, te sientes como una mosca con tu ropa favorita... de hecho, todo va de maravilla. Y, de repente, una persona blanca y enfadada te llama mono vestido. No importa lo increíble que haya sido tu día. A partir de ese momento todo va cuesta abajo. Tu lengua empieza a sentirse como si tuvieras mil agujas clavadas en ella, tienes una sensación de hundimiento en el estómago y tus glándulas sudoríparas empiezan a compensar en exceso. Esto es estrés negativo. Tiene un efecto paralizante.

2. Autosacrificio

Para sobrevivir a este duro clima, nos hemos visto obligadas a anteponer los pensamientos y opiniones de los demás a los nuestros. Este tipo de estilo de vida se ha glorificado tanto que cualquier idea de desviarse es recibida con etiquetas como egoísta o interesada. La razón para aceptar este modo de vida es formar alianzas que ayuden a nuestra supervivencia o establecer un entorno seguro para poder sobrevivir. En otras palabras, intercambiamos nuestra identidad para poder acceder al derecho humano más fundamental: el derecho a vivir. El perfil racial que prevalece en la sociedad ha provocado que muchos de nosotros nos sacrifiquemos a nosotros mismos, lo que nos lleva a la distorsión y a la insatisfacción con lo que somos. Cuando no estás en contacto con tu verdadero yo, tu capacidad para alcanzar todo tu potencial está muy limitada.

3. Autosuficiencia

Esto parece algo bueno, y en cierto modo lo es. Pero cuando ocurre en nuestras condiciones sociales actuales, puede tener un efecto paralizante en el crecimiento comunitario. La autosuficiencia implica depender de uno mismo. Como humanos, todos necesitamos tener esta habilidad básica para enfrentarnos a la vida. Sin embargo, si nace de un entorno que genera una profunda desconfianza en otras personas, se convierte en un obstáculo en lugar de un paso en el proceso de desarrollo. Somos comunales por naturaleza. Hace unas páginas hablé de cómo nuestros años de formación están definidos por la comunidad. Puedes prosperar en solitario, pero necesitas una tribu para disfrutar realmente de la vida. La dependencia excesiva de ti misma puede llevarte al aislamiento mental y físico. El espacio comunitario compartido se convierte en un pozo envenenado que sigue alimentando la desconfianza que conduce a algunos de los males sociales que son evidentes en las comunidades negras hoy en día. Esto nos frena como individuos y como grupos.

Encontrar Tu Lugar en la Sociedad

Teniendo en cuenta todo lo que hemos aprendido hasta ahora, encontrar tu lugar en la sociedad es clave para el siguiente paso en tu viaje. Y para ello, debes ejercer alguna forma de conciencia. Conocer el problema es resolverlo. Si tienes o muestras alguna de las características enumeradas en este capítulo, has creado conciencia en parte. Todavía tienes que investigar mucho y, tal vez, buscar asesoramiento psicológico que te ayude a entender por qué actúas como lo haces. Sólo asegúrate de que, en tu búsqueda, no trabajes con personas que intenten justificar el trato injusto que has sufrido o minimizar tu dolor. Has llegado demasiado lejos como para volver a la dieta de mentiras y malos paliativos que te han dado las personas que quieren ser héroes. Sé consciente de la verdad, de quién eres, de dónde has venido y de las razones que hay detrás de cada una de estas verdades. No te preocupes por dónde vas. Ese es otro paso en este viaje.

El siguiente paso es aceptar la verdad. De nuevo, esto es algo de lo que he hablado antes, y es un requisito previo para esta parte del viaje. Aceptar la verdad sobre quién eres te permite crear caminos para la solución. Cuanto más tiempo niegues la verdad, más se estrecha el ciclo que te mantiene atrapado hasta el punto de que la red de mentiras se convierte en tu vida. La verdad no siempre es fácil de aceptar. A veces, es desagradable. La idea de que somos víctimas de una sociedad que debía ayudarnos a convertirnos en vencedores no es algo fácil de digerir, sobre todo cuando lo sabes con el trasfondo del racismo. El hecho de que hayamos perdido varias oportunidades simplemente por el color de nuestra piel es suficiente para hacer hervir de ira y resentimiento a cualquier persona sensata. Pero esa es la verdad, simple y llanamente. No quiere decir que la sociedad esté para atraparte y arruinarte. Se trata de un sistema que lleva funcionando cientos de años. Hasta que no se cambie el tejido que conforma la sociedad, así es como funciona la máquina.

Sin embargo, tú no eres una máquina. Eres un ser humano. Eres una mujer y eres negra. Eso significa mucho. Independientemente de los mensajes psicológicos que te hayan transmitido, tienes un lugar en la sociedad. Eres importante. Eres importante. No sólo para las personas que te trajeron a este mundo o que te criaron, sino para el mundo. Puede que tu papel sea pequeño, pero sin ese vacío que se llena, el mundo sería "menos". Pero con tu presencia y con tu trabajo en tu poder, el mundo se enriquece. Me costó mucho tiempo entender este mensaje. Sentía que era demasiado insignificante para importarle a alguien. Sentía que si desapareciera hoy, no habría nadie a quien le importara realmente. Este pensamiento me hacía sentir atrapada. No quería morir porque tenía miedo de lo aislada que estaría mi muerte. Pero al mismo tiempo, vivir era duro porque seguía sintiéndome aislada.

A veces se siente así, sobre todo cuando te colocan en un entorno competitivo en el que parece que todos los demás lo hacen mejor que tú. Imagina que te atan las piernas y te ponen una piedra y te obligan a correr una carrera (bajo amenaza de muerte) contra gente que conduce coches. Suena imposible, ¿verdad? Esta es la realidad de las mujeres negras hoy en día. Por eso es notable que algunas de nosotras tengamos éxito. Creo que esto habla de la fuerza y la magia de ser una mujer negra. Tienes que tener esto en cuenta. Si sigues caminando en la luz de tu verdad y en la comprensión de tu valor, te darás cuenta de que tienes un lugar. Al final de este libro, también encontrarás tu voz. Por ahora, vas a llevar las cosas al siguiente capítulo donde hablamos de encontrar el propósito en lo que eres.

Capítulo Seis

Expande y Encuentra el Propósito en Tu Negrura

Solía ofenderme mucho cuando la gente empezaba las frases con la expresión " ustedes, los negros" o "ustedes, las mujeres negras". Era casi como si en algún momento me hubiera convertido en un colectivo y mi identidad fuera irrelevante. Pero con el tiempo, comprendí que tengo mis propios prejuicios (pronto llegaremos a eso). También aprendí a entender que las personas que expresan cosas así suelen tener prejuicios. Tienen una vaga noción de cómo se supone que debe ser y actuar un determinado grupo de personas, y la imponen a todos los que tienen características similares. A veces, sus nociones se basan en la experiencia previa, pero se niegan a individualizar esa experiencia. Más bien utilizan las lecciones de esa experiencia para caracterizar a todas las personas que conocen. Es como la gente que viaja a un país de África, visita una localidad concreta y declara que toda África es igual que el lugar que visitó. Eso me volvía loca.

Esto fue hasta que tuve una conversación con alguien a quien considero una mentora. Según ella, cuando tienes una experiencia negativa, tu cerebro analiza inconscientemente el entorno y señala lo que considera los instrumentos clave para iniciar ese trauma. Esto se convierte en tu desencadenante. Así, cada vez que te encuentras en un entorno en el que esos elementos clave aparecen juntos en un patrón específico que tu cerebro interpreta como peligroso, se dispara una alarma. Cuando este comportamiento o proceso de pensamiento se repite constantemente, se convierte en tu verdad. La gente ha asociado la cultura negra con desencadenantes negativos. Ven a un hombre con rastas largas y sienten que no puede ser profesional. Ven a una mujer con un cuerpo grande y con curvas y lo analizan hasta el punto de sexualizarla contra su voluntad. Nuestra música, nuestra forma de vestir e incluso nuestra manera de socializar han recibido etiquetas negativas, lo que dificulta que nos asociemos libremente con nuestra negritud.

Este capítulo trata de aprender a hacerse cargo de esa narrativa. Cambiar la percepción que la gente tiene de ti es una tarea que llevará mucho tiempo. Sin embargo, cambiar tu percepción de ti misma es algo en lo que puedes empezar a trabajar ahora mismo. No sólo mejorará tu experiencia en la vida en general, sino que también te ayudará a abrazar cada aspecto de lo que eres. Te ayudará a encontrar un propósito en lo que eres. Si has estado huyendo de ti misma por lo que los demás piensan de ti, esta es la parte en la que te detienes, la miras de cerca, la abrazas y empiezas a creer en ella. Tu negrura no debe ser definida por la sociedad. Tú eres la única que debe determinar lo que significa ser negra para ti. Se te han dado las herramientas necesarias para iniciar ese viaje. La magia y la fuerza que conlleva ser negra ya están en tus venas. Ahora es el momento de utilizarla para impulsarte y alcanzar todo tu potencial.

La Verdad Sobre Ser Negra

He aquí una sencilla tarea que quiero que lleves a cabo. Entra en tu navegador y busca la frase "las mujeres negras son...". Déjalo así y haz clic en buscar. Lo más probable es que tus 10 primeras búsquedas contengan comentarios negativos sobre las mujeres negras. Yo lo hice y los resultados de mi búsqueda incluían conversaciones sobre cómo las mujeres avanzan en el mercado, pero las mujeres de color se quedan atrás. También se hablaba de cómo las mujeres negras son víctimas de agresiones sexuales, abusos, etc. Esta es la imagen que tienen de ti y de mí como mujeres negras; víctimas de las que se pueden aprovechar. No te dicen que una de las mujeres más ricas de Estados Unidos que se ha hecho a sí misma es una mujer negra. No se ve ese tipo de representación. En cambio, intentan proyectar lo que quieren que veas en ti. Afortunadamente, hay una manera de combatir estas mentiras, y es utilizando la verdad.

Los activistas sociales utilizan mucho la palabra "representación", y hay una razón para ello. Cuando uno se ve reflejado en una luz positiva en la sociedad, se produce un efecto dominó que se extiende a los que se encuentran en entornos de base y que pueden estar atrapados en condiciones difíciles sin esperanza. Pero cuando ven a alguien como ellos haciéndolo bien, pueden inspirarse y recibir esperanza/fuerza para seguir adelante. Tienes que empezar a ser más proactivo cuando se trata de construir o crear una representación de mujeres negras en tu vida. Esto es lo que quiero decir. Empieza por mirar una lista de personas que te inspiren. Repasa su trayectoria. Deja que su éxito comprobado sea un disparador positivo en tu mente. Recibirás muchas noticias negativas sobre una experiencia que una mujer negra está teniendo en algún lugar. No dejes que esa sea tu única representación en los medios de comunicación. Por cada mensaje negativo que recibas, sustitúyelo por uno positivo.

Las mujeres negras están haciendo cosas increíbles, y no han empezado hoy. Ya sea en el campo de la ciencia, el activismo, los medios de comunicación o la religión, encontrarás mujeres negras poderosas e influyentes que fueron pioneras del cambio durante su época. El problema no es que las mujeres negras no estén presentes en estas situaciones. Es la falta de registro, o más bien el subregistro, lo que ha socavado sus esfuerzos. Mientras esperamos que el mundo se levante de sus asientos y haga lo necesario, es nuestro trabajo ser proactivos en la búsqueda de estas mujeres y darles el crédito que merecen. Esto no es sólo para las personas que reciben estos elogios. También es para que validemos nuestro poder, nuestra fuerza y nuestra brillantez. Pero lo más importante es ayudar a allanar el camino a las que vienen detrás de nosotras para que puedan mirar hacia arriba y ver la luz que las llevará a su próximo destino. Debemos empezar a enseñarnos a nosotras mismas y a las próximas generaciones que somos más que nuestras circunstancias. Esta es la verdad sobre ser negra. Somos más que nuestra piel. Somos más grandes que nuestras limitaciones y definitivamente no somos las personas que la sociedad pinta que somos.

Por Qué Hay Que Celebrar Tu Negrura

La celebración de la que hablo aquí no es la colectiva de la que oímos hablar como las fiestas dedicadas a nuestros héroes. Me refiero a las celebraciones privadas. Sabemos que hay un mes de la historia negra dedicado a educar y celebrar la historia de los negros. Pero celebrar tu negritud consiste en reconocer cosas de ti que están vinculadas a tus raíces. La forma de hablar, la textura de tu pelo, el color de tu piel; todas estas cosas tejen una historia biológica sobre tu origen, y debes celebrarlo. La historia no siempre ha favorecido a los negros porque las personas que escribieron la historia eran parciales. Sin embargo, tú eres quien dirige tu relato. Y sí, puede que tengas prejuicios hacia ti misma, pero prefiero eso a la autocrítica destructiva cualquier día. La cuestión es que tienes la oportunidad de reescribir tu historia. ¿Vas a centrarte en la chica negra asustada que todo el mundo cree que deberías ser, o en la mujer negra fuerte que eres?

Chica, has sobrevivido a las probabilidades extremas para llegar a este punto. El hecho de que estés sentada con este libro en tus manos es un testimonio de lo que has tenido que pasar. Nunca des por sentadas tus victorias, por pequeñas que sean, sobre todo en tu búsqueda para sanar y encontrar tu confianza. Debes aprender a celebrar tus victorias. Pensamos que hasta que no alcanzamos esos grandes hitos en nuestras vidas, no hemos logrado mucho. Este tipo de pensamiento te hará sentir como un hámster en una rueda. Sólo te empujas a ti mismo y das vueltas y vueltas sin ningún propósito absoluto. Pero cuando disfrutas de cada momento y saboreas cada victoria, te empoderas de confianza, lo que te facilita caminar con la cabeza alta porque eres consciente de quién eres y de lo que has conseguido. Sabes las puertas que has tenido que derribar para crearte oportunidades y sabes que vas a abrir puertas a otras chicas negras. Esto merece ser celebrado.

Y lo que es más importante, vas a celebrar tu negrura porque esas cosas de las que la gente se burlaba se han convertido ahora en tus rasgos más preciados. Algunas personas dicen que los negros se visten de forma extraña. Pues bien, ese sentido de la moda es lo que vas a celebrar hoy. Incluso si no te vistes como la sociedad cree que la gente negra debería vestirse, sigue estando bien celebrarlo y reconocerlo. Es una parte importante de tu origen y forma parte de lo que eres. Tus fuertes rasgos negros, como tu nariz, tus ojos, tus labios y tu cuerpo, son cosas que vas a celebrar. Es hora de que des un paso valiente hacia el espejo, te mires en él mientras te despojas de toda la ropa y te digas: "Maldita sea, soy hermosa". Celebra el color de tu piel, ya seas morena o negra. Ser una mujer negra significa que tienes diferentes colores, formas y tamaños. Celebra esta diferencia. Celebra las formas en que tu cuerpo y tus rasgos contribuyen a la diversidad entre las personas negras. Celebra tu nombre. Tanto si se trata de los nombres más "aceptables" como de los que se nos conoce por responder. Esto es lo que eres. No hay que rehuirlo. Acéptalo y no sólo lo abraces. Celébralo.

Domina Tu Narrativa

Esta última parte de este capítulo es un momento decisivo para ti, porque hasta que no des este paso, el resto de los capítulos de este libro van a ser inútiles. Es hora de que te hagas cargo de tu narrativa. Primero debes aprender a hacer las paces con lo que eres. Tanto si eres grande como si eres delgada, tanto si eres de un tono negro intenso como de un tono más claro, debes disociar tu sentido del valor de estos marcadores físicos y luego trabajar para aceptarte tal y como eres. Aunque tengas la intención de hacer cambios en el futuro, como probablemente perder peso, el primer paso en ese proceso es aprender a quererte a ti misma. Si te privas de amor propio porque sientes que ahora estás en un lugar en el que crees que deberías estar, creas una plantilla para las relaciones que vas a tener con otras personas porque estás enviando inconscientemente el mensaje de que hasta que no saltes un determinado aro, no eres digna de ser amada.

Por esta razón, debes contar tu historia de forma diferente. Has oído muchas cosas sobre ti. Algunas han sido positivas. Otras, negativas. Ahora es cuando tienes que centrarte en esas críticas positivas que has recibido sobre ti misma y luego dejar de lado las negativas. Céntrate en los comentarios positivos. Deja que ese mensaje despierte las buenas vibraciones en tu interior. Utiliza las emociones que surgen de él para inspirar una nueva lista de cosas positivas. Deja que esto se convierta en tu afirmación. Soy fuerte. Soy hermosa. Soy poderosa. Soy sabia. Éstas son sólo algunas de las afirmaciones que puedes utilizar para cambiar tu narrativa. No eres lo que la sociedad dice que eres. He dicho esto varias veces en este libro, pero la razón por la que lo repito es que estas falsas narrativas se han repetido desde el día en que naciste. Y para contrarrestarlo, debemos repetir la verdad. Tú eres tu propia persona y eso está perfectamente bien.

En algún momento de este viaje, experimentarás una amplia gama de emociones. Puede que empieces con tristeza antes de experimentar una furia hirviente. Eso está bien. Identifica esas emociones y reconócelas. Deja que se calienten un poco para que puedas entender de dónde viene tu dolor. En el momento en que tengas claridad, debes encontrar una forma de canalizar esas emociones. Ya sea escribiendo un diario, haciendo ejercicio, o incluso simplemente dando un largo paseo en un día soleado. Yo horneo mis sentimientos. Encuentra lo que te funcione. Esto te ayudará a purgar la negatividad que rodea a estas emociones y te ayudará a ver un camino más brillante. Es a partir de este camino que ahora puedes comenzar la siguiente fase de tu viaje.

En el próximo capítulo y en los siguientes, nos centraremos en ti como individuo y como mujer. Por lo tanto, es importante que te acerques a ello con la cabeza despejada y la emoción estable. Si te encuentras con dificultades para seguir adelante con la información que has absorbido en estos últimos capítulos, tal vez quieras hablar con alguien al respecto. Esa es otra cosa que tenemos que aprender a aceptar en nuestra comunidad: dar prioridad a la salud mental. Es parte del cambio de la narrativa. Tu mente es tan importante como tu cuerpo. Así que, cuando te encuentres con problemas mentales, no dudes en buscar ayuda. Esto no te hace más débil, y luchar contra el dolor por sí sola no te hace más fuerte. Mientras aprendemos sobre nuestra historia, descubriremos los errores que han cometido las personas que nos precedieron. Hemos pagado el precio al crecer bajo las consecuencias de sus acciones. Sin embargo, no tenemos que vivir con esas consecuencias ni dejar que determinen nuestras historias en el futuro. Podemos curarnos a nosotras mismas para que el impacto pueda fluir hacia las personas que vienen detrás de nosotras.

CAPÍTULO SIETE

Identifica Tu Valor

La única persona que puede determinar tu valor eres tú. La gente tendrá una opinión de lo que cree que deberías valer, pero siempre será sólo eso; su opinión. Lo que destaca es lo que tú dices de ti misma. En este capítulo, nuestro principal objetivo es ayudarte a determinar tu valor. En este contexto, no estamos analizando lo que deberías esperar que te paguen en tu trabajo o negocio. Estamos trabajando en el desarrollo de una idea sólida de cómo sientes que mereces ser tratada. La confianza viene de saber quién eres y lo que vales. Puedes entrar en cualquier habitación, independientemente del ambiente, y seguir sintiéndote lo suficientemente audaz como para ser tú misma y hacer que la gente de la habitación se sienta cómoda a tu alrededor. Saber lo que vales no es socavar el valor de los demás para establecer el tuyo. Es tener un sentido agudo de la conciencia.

Algunas personas han construido su confianza en torno a la ruptura de la confianza de otras personas. Esto es una solución temporal y sólo te llevará al camino de los acosadores en la sociedad. La verdadera confianza viene de tomar todos los pasos necesarios y poner el trabajo y eso es lo que vamos a tratar de hacer en este capítulo. Cuando intentas construir tu confianza después de sanar de un trauma, una de las primeras cosas que sale por la ventana es tu sentido de autoestima. Dependiendo del espectro en el que se sitúe tu personalidad, si eres narcisista o recluso, esa valía puede estar sobreinflada o subestimada. Ninguna de las dos cosas funciona bien para tu imagen, especialmente cuando piensas trabajar con otras personas.

Con el tiempo, llegaremos a la parte en la que se resuelve cómo lidiar con tus luchas personales mientras trabajas con otras personas. Por ahora, estamos tratando de construir una imagen sólida para ti de adentro hacia afuera. Esta es un área en la que la gente suele cometer un grave error. Empiezan tratando de construir la confianza desde fuera hacia dentro. No hay nada malo en ello, pero no dura mucho. Cuando empiezas el proceso desde dentro, construyes una base sólida que puede llevarte a través de las circunstancias más difíciles. La confianza que se basa en factores externos es muy superficial. Cosas como arreglarse el pelo, comprarse ropa nueva, trabajar en el tamaño de tu cuerpo, etc., son todos factores externos. No digo que no sean importantes. Por supuesto, desempeña un papel. Pero si no trabajas en las cosas que están dentro, todo el esfuerzo que pongas en el exterior va a ser inútil. Con esta nota alegre, empecemos.

¿Quién Eres?

Como mujeres negras, nuestra identidad está oculta bajo capas de etiquetas y rótulos sociales que nos ha puesto la sociedad. Es casi como si desde el día en que debutamos en la tierra, el resto del mundo decidiera que no somos lo suficientemente buenas desde el principio. Se supone que nuestro pelo tiene que estar peinado de una manera determinada para ser presentable. Cualquier otra cosa se considera salvaje e indómita. Controlan nuestra forma de hablar y nuestra capacidad de procrear (esto último se hizo de alguna manera). Pero por mucho que intenten silenciarnos, esa salsa de las negras sale por el otro lado haciendo que más gente quiera ser como nosotras. Es una clara demostración de que tenemos algo dentro de nosotras que merece la pena emular. ¿Y lo mejor? Esto que todos compartimos es único para cada una de nosotras. Lo que tiene la hermana A es diferente de lo que tiene la hermana B y así sucesivamente.

Sólo tienes que descubrir cuál es tu propia marca de magia de chica negra. Recuerda que somos diferentes, pero todas aportamos algo. La siguiente línea de acción es averiguar cuál es tu factor "eso". Para ello, silencia esas voces en tu cabeza que te dicen quién debes ser y quién no. Especialmente cuando esas voces crean conflictos cada vez que tomas una simple decisión. Las voces que dicen cosas como que las chicas no deben hacer esto, que las chicas no hacen aquello, etc., sólo están ahí para hundirte. Hablan basándose en los repetidos mensajes negativos que han recibido durante la mayor parte de su vida. Estas voces no conocen tu verdadero yo. Y en este momento, tú tampoco sabes quién eres. Así que, si quisieras conocer mejor a una persona, ¿qué harías? Hacer preguntas. Empieza por lo más sencillo, como las preguntas del tipo "qué". ¿Qué te gusta? ¿Cuál es tu color favorito? ¿Qué te inspira? La lista es interminable, pero sigue con ella.

Después de este tipo de preguntas, pasa a las de "por qué". ¿Por qué te gusta tanto el queso? ¿Por qué prefieres las carreras matutinas a los entrenamientos nocturnos? Estas preguntas te ayudarán a profundizar en tu mente. Cuanto más profundices, más conocimientos íntimos descubrirás. Otra forma de conocerte mejor es enseñarte a confiar en tus instintos. Por mucha programación a la que nos sometamos, hay un lenguaje biológico que tu cuerpo nunca olvida y son tus instintos. Cuanto más utilices tus instintos, más fiable será hasta que sea una de las voces más fiables de nuestra cabeza. Tus instintos delatan a tu pareja cuando empieza a engañarte. Los mismos instintos te alertan cuando algo está mal. Y cuando quieras una inyección extra de confianza, ¿adivina qué? Tus instintos. En términos muy simples, hazte preguntas, pero no cuestiones tu juicio.

Eleva Tus Estándares

Ya hemos establecido el hecho de que te mereces lo mejor de la vida. Sin embargo, el hecho de que te lo merezcas no significa que lo vayas a conseguir. Todavía tienes que exigirlo. La razón por la que mucha gente te falta al respeto es porque no lo has convertido en un requisito para ellos. En el libro "Piensa como un hombre, actúa como una mujer", una de las preguntas comunes que la gente hacía era por qué sus hombres no habían llevado su relación al siguiente nivel. La respuesta que dio Steve Harvey fue que las mujeres en esa posición no lo han convertido en un requisito. ¿Qué tiene que ver esto con lo que estamos hablando? Básicamente, si quieres disfrutar de lo mejor de la vida, tienes que elevar tu nivel, y el nivel no se limita a las cosas materiales. El hecho de que hoy hablemos de elevar el nivel de exigencia no significa que el día de mañana se te exija llevar sólo trajes de diseño. Ya lo he dicho antes, las cosas externas son superficiales y sólo pueden llevarte hasta cierto punto. Es lo que ocurre en el interior lo que tenemos que desarrollar.

Elevar tu nivel de exigencia es determinar dentro de ti mismo para exigir un mejor trato. Cuando la gente habla mal de ti, no te comprometes con ellos ni los entretienes. Los pones en ignorar. Esto les hará saber, consciente e inconscientemente, que si quieren tu atención, tienen que hacerlo mejor. Cuando toleras un comportamiento que no te eleva o que no corresponde a tu estatus de reina negra, abres la puerta a todo tipo de faltas de respeto. Esto no sólo ocurre con los hombres. También puede provenir de tus compañeras. Y no se limita a las relaciones románticas. También ocurre en los lugares de trabajo y en los espacios sociales. Hay personas que se comportan con tanta gracia y dignidad que, antes de acercarse a ellas, te encuentras ajustando tu ropa para estar presentable. Esas personas han creado un estándar con su expresión, sus movimientos y su discurso. Sabes que tienes que hacerlo mejor si quieres decirles algo y mucho menos esperar que te respondan.

Al elevar nuestros estándares, también tenemos que aprender a cambiar la narrativa. La gente ha llegado a la conclusión de que las mujeres negras que tienen estándares son difíciles o materialistas. La razón es una de estas dos cosas: las mujeres en cuestión o bien son incapaces de comunicar lo que quieren conseguir al final del día o bien no entienden lo que significa elevar su nivel de exigencia. Por eso he hablado de la ropa de diseño. Debes entender que elevar tu nivel de exigencia no significa que te vuelvas automáticamente difícil de trabajar. Significa que eliges a la gente que te elige a ti. Si la gente va a ser razonable contigo, entonces tú vas a ser razonable con ellos. La gente no debe presentar un comportamiento indisciplinado y esperar que negocies en esas circunstancias. Puede que pierdas algunos beneficios sociales o financieros aquí y allá simplemente porque decides mantener tus normas. Pero a la larga, dará sus frutos. Con el tiempo, se corre la voz de que esta mujer no la recibe de nadie.

Mejórate a Ti Misma

Elevar tu nivel no es una vía de sentido único en la que esperas que los demás te traten como tú quieres que te traten, pero te liberas de cualquier responsabilidad en ese proceso. También necesitarás hacer ese trabajo para ayudarte a elevarte a ese nivel en tu relación. Esto es lo que quiero decir, cuando entras en un ambiente de trabajo y quieres el respeto de la gente de tu equipo, debes prepararte mentalmente para la expectativa de que estás aportando algo a la mesa. Cuando no tienes nada que ofrecer, es difícil que la gente te respete. Sé que esto suena injusto, pero ese es el entorno en el que vivimos. El propósito de este libro no es ayudarte a crear un mundo justo y equilibrado. El propósito de este libro no es ayudarte a crear un mundo justo y equilibrado, sino ayudarte a prosperar en un mundo injusto y desequilibrado. Cuando entras en cualquier entorno, tienes que venir " de forma correcta". ¿Qué quiero decir? Cualquier habilidad que tengas en tu currículum debe ser doblemente impresionante. Nunca cometas el error de tener un currículum que sea mejor que tú en persona.

No estoy diciendo que debas infravalorarte para que, cuando te presentes en persona, seas mejor. Lo que digo es que debes mejorar cada día. Es un trabajo duro, pero es el tipo de trabajo duro que da sus frutos. Digamos que estás en el campo de la tecnología. Asegúrate de estar al tanto de todo lo relacionado con el mundo de la tecnología. No es necesario que seas una experta en todo, pero tener algo más que un conocimiento básico de tu campo de especialización puede convertirte en una adición vital a cualquier equipo de cualquier organización. Y cuando la gente ve valor en ti, lo respeta automáticamente. Del mismo modo, tu apariencia dice mucho sobre quién eres como persona. Por muy superficial que sea, no podemos negar que vivimos en un mundo superficial. La mayoría de la gente juzga un libro por su portada, porque la verdad es que la gente no está tan interesada como para querer pasar de la portada del libro para llegar al contenido, a menos que vea una portada perfectamente empaquetada que atraiga sus sentidos visuales.

El trabajo interno consiste en desarrollar las habilidades disponibles, aprender cosas nuevas y valiosas y contribuir a mejorar lo que se hace. Pulir tu sentido de la vestimenta puede suponer una inyección de confianza e incluso darte acceso a un público diferente. Habla con un estilista si no estás seguro de tu combinación de ropa actual. En la mayoría de los casos, tu instinto te guiará en este aspecto porque te sentirás atraído por los conjuntos que reflejan tu personalidad. Esto es clave porque, por muy arreglada que vayas, si no se alinea con esa personalidad interior, se producirá una situación de mezcla y combinación. Sería como poner oro en el hocico de un cerdo. La gente puede percibir inmediatamente cuando no eres auténtica. Una vez más, vestirse con trajes de diseño de la cabeza a los pies no arreglará esto. Por eso tienes que poner todo en orden para que, cuando estés listo para salir a la calle, todo tenga sentido. Trabaja en ti misma internamente y luego progresa hacia esa expresión exterior de ti misma. La combinación de ambas cosas creará una imagen de mujer negra poderosa que automáticamente impondrá el respeto que te mereces. Consigue esto y la siguiente fase será más fácil.

Nuestro siguiente capítulo se va a centrar en otra área fundamental que nos define como mujeres negras, y ésta es la de nuestras amistades. Las mujeres negras son conocidas por sus hermanas que las apoyan en los momentos difíciles y las animan cuando su confianza es baja. Tenemos amistades únicas que simplemente alegran el corazón cada vez que las presenciamos. Pero hay que ser estratégicos en la construcción de ese tipo de amistades y eso es lo que vamos a trabajar.

Capítulo Ocho

Construye Tu Círculo

"Muéstrame a tus amigos y te diré quién eres". Es un viejo dicho que sigue siendo válido. A mi mentora le gusta decir que "tu valor neto está definido por tu red". Conéctate con la gente adecuada y llegarás muy lejos en la vida. Pero si te relacionas con el conjunto de personas equivocado, el único lugar en el que vas a estar es abajo. Queremos avanzar por nosotras mismas. Al comienzo de cada año nuevo, éste es nuestro propósito: ser mejores que la persona que éramos el año anterior, y eso está bien. Sin embargo, un área clave en la que no nos esforzamos es nuestro círculo íntimo. Se trata de las personas a las que acudimos cuando tenemos esas preguntas difíciles que no podemos responder por nosotros mismos. Son las personas que traen las oportunidades a tu puerta. Recuerdo haber asistido a un seminario de negocios hace mucho tiempo.

Uno de los ponentes dijo algo así como que estamos a 6 grados de la solución de nuestros problemas. Estos 6 grados provienen de tu círculo íntimo.

En esencia, conoces a una persona que conoce a otra que podría conocer a la persona que puede conseguirte lo que buscas. Las relaciones que estableces y que pasan a formar tu círculo íntimo requieren un trato especial. No se trata sólo de gestionar a tus colegas. Se trata de cómo te ves reflejada en y por este grupo de personas. No se trata de tus "síes" o secuaces. Tampoco son quienes te estampan una idea cada vez que la presentas. Son el fuego de tu material de oro en bruto. Ellas purgarán esas impurezas y sacarán lo mejor de ti, y tú harás lo mismo por ellas. Todos queremos ese tipo de relaciones. Amigas a las que podamos llamar en cualquier momento, cualquier día. Nuestras perras de paseo o de muerte* como nos gusta decir. Así que, en este capítulo, vamos a explorar lo que se necesita para conseguir que estas personas entren en tu círculo íntimo, así como las cosas importantes que necesitas resolver cuando construyas tu círculo íntimo.

Tu círculo íntimo va a estar formado por diferentes tipos de personas. De hecho, me gusta fomentar la diversidad. Tienes a esa persona que es una persona de dinero. Tienes una persona de negocios. Tienes una persona divertida, y tu contribución al grupo. Cuando reúnes todo esto, tienes una energía dinámica que motiva a quien está en ese círculo a ser lo que quiera ser. A los medios de comunicación les gusta mostrar amistades femeninas llenas de chillidos innecesarios, puñaladas por la espalda y robos de novio. Decir que esto es un insulto es quedarse corto. Las amistades femeninas son algo más que lo que aparece en los medios de comunicación. Mucha gente te hará creer que tener amistades femeninas puede ser perjudicial para ti, pero en realidad, si quieres avanzar en tu vida, necesitas amistades femeninas auténticas.

Identifica Tu Unidad de Apoyo

La vida no es un lecho de rosas. Siempre habrá altibajos y todos necesitamos a alguien que nos acompañe en los momentos difíciles. Para eso está tu unidad de apoyo. Cuando buscas cualidades en la amistad, no basta con tener personas que se rían contigo cuando las cosas van bien. También necesitas personas que estén dispuestas a dar un paso adelante cuando tú no estés en condiciones de estar ahí para ti, física o mentalmente. Una unidad de apoyo se compone de amigos y familiares. Toda mujer negra necesita su tribu. No sólo te quieren, sino que también te respetan. Quieren lo mejor para ti. Tu unidad de apoyo es algo más que las personas a las que llamas en mitad de la noche para intercambiar historias. Son las personas a las que llamas cuando percibes una oportunidad que les favorecerá. También son las personas a las que apoyas. Hay que entender que una unidad de apoyo nunca debe ser una calle de un solo sentido. Con todo esto en mente, veamos cómo podemos construir nuestra tribu.

1. Encuéntrate a ti misma

A mi madre le gusta decir que "lo semejante engendra lo semejante". Esencialmente, gravitamos de forma natural hacia las personas que son como nosotros. Si estás perdida, insegura e inconforme contigo misma, atraerás a personas que están en el mismo barco. Y a la gente así le resultará difícil apoyarte y estar ahí para ti de la forma que necesitas. Tu círculo íntimo debe estar formado por gente que te haga sentir bien. Los cristianos dicen: "El hierro afila el hierro". No puedes usar plástico para hacer el trabajo. El hierro destruiría el plástico. La piedra puede afilar el hierro, pero la relación no es mutuamente beneficiosa. Sin embargo, cuando encuentras una situación en la que el hierro hace el trabajo, ambas partes lo disfrutan. Tienes que encontrarte a ti misma. Saber quién eres. Comprender tus valores. Debes determinar qué dirección quieres tomar en la vida. Cuando te esfuerzas por conseguirlo, naturalmente gravitas hacia personas que comparten los mismos principios y tienen más que ofrecerte.

2. Sé abierta

Muchas de nosotras hemos desarrollado una imagen subconsciente de cómo creemos que debe ser una amiga ideal o un miembro de nuestra tribu. No sé si esto se debe a la influencia de los medios de comunicación. Cuando empezamos a buscar personas que ocupen puestos en nuestro círculo íntimo, utilizamos esta imagen como vara de medir de quién creemos que debe ser el amigo ideal. Al hacer esto, se pierden oportunidades de conocer a gente verdaderamente estupenda. Las personas vienen a nosotros en diferentes formas y tamaños. Sus personalidades también serán diferentes. Te toca a ti hacer el trabajo de conocerlas. En el proceso de conocerlas, te encontrarás naturalmente atraída por algunas personas debido al punto anterior que mencioné. El interés compartido y las similitudes serán el vínculo que les atraiga. Sin embargo, tu apertura y aceptación de ellas tal y como son ayudará a fomentar esa relación y a llevarla a la siguiente fase. Deja de lado las críticas y los juicios. Consigue verlas por lo que son en lugar de por lo que crees que deberían ser. Compréndelas a un nivel más profundo y luego decide hacia dónde quieres ir con ellas. Y esto nos lleva al siguiente punto.

3. Ten una tribu para diferentes propósitos

Puede que tengas la suerte de encontrar una o dos amigas

capaces de satisfacer tus necesidades en todos los sentidos. Antes de que malinterpretes las cosas, esto es lo que quiero decir cuando digo satisfacer tus necesidades. Si quieres divertirte, ellas están disponibles para divertirse. Si de repente te apetece viajar, ellas están dispuestas a hacerlo. Si estás tratando de crear un negocio, ellas te vincularán. Sea lo que sea lo que intentas perseguir en la vida, estas chicas están ahí para ti. Sin embargo, si vamos a ser realistas, algunas personas son más adecuadas para necesidades específicas. Cuando buscas diversión, necesitas personas que te apoyen en esa empresa. Una amiga con mentalidad empresarial que siempre tratará de impedir que participes en actividades que aporten diversión. No es porque quieran hundirte. El problema es que no comparten ese valor contigo. Por eso mencioné lo de mantener la mente abierta. Cuando eres más receptiva, te abres a más personas que pueden servir a tu relación en diferentes capacidades. También es la razón por la que entenderte a ti misma es fundamental para el proceso, porque entonces sabes lo que quieres y puedes identificar a las personas que pueden ayudarte a conseguir lo que quieres.

Establece Límites Claros

Si quieres seguir siendo auténtica y conservar esta nueva

identidad que estás construyendo para ti, es importante establecer unos límites claros. La gente asume erróneamente que los límites están destinados a mantener a la gente fuera. En realidad, sirven para un doble propósito. Restringe los movimientos no deseados que conducen a la invasión del espacio, y también contiene a las personas dentro de un espacio específico. He utilizado mucho la palabra espacio porque es un ingrediente que ayuda a fomentar relaciones de las que no somos conscientes. ¿Sabías que no eres sólo tu persona? También tienes un espacio. ¿Te has preguntado alguna vez por qué te sientes de repente irritada cuando un desconocido se acerca demasiado a ti y actúa con demasiada comodidad a tu alrededor? No hace falta que te toquen, ni siquiera que te digan algo, pero esa invasión del espacio te hace subir automáticamente la guardia. Por eso necesitamos límites claros. Sin embargo, los límites no se limitan al espacio físico, e incluyen lo que estás dispuesta a hacer, cuándo estás dispuesta a hacerlo y cómo quieres hacerlo, y luego comunicarlo a las personas que necesitan saberlo.

Te guste o no, todos tenemos limitaciones en cuanto a nuestra fuerza mental, física y emocional. Cuando ejerces esa fuerza el 100% del tiempo, acabas agotada y pierdes la capacidad de servir o ser útil a alguien. Una relación que no tiene límites te dejará drenada y exhausta. En una situación así, pierdes tu voz y tu identidad. Después de todo lo que hemos trabajado hasta ahora, éste no es un resultado deseable. Entonces, ¿cuál es la solución? Poner límites, por supuesto, ¡y así es como vas a hacerlo!

1. Aprende a decir No

Esta es la regla número uno para cualquier relación. No puedes ser la persona que siempre dice "sí". Cuando te sientas agotada o cuando simplemente no estés de humor, no pasa nada por decir que no. Otra cosa que hay que entender es cómo decir que no. Debes aprender a decirlo de forma que comuniques tu decisión sin que la otra parte se sienta rechazada. Es una habilidad delicada, pero que dominarás con el tiempo y la práctica. Por ejemplo, si tu jefe se acerca a tu mesa 5 minutos antes de la hora de cierre y te pide que te quedes más tiempo para un proyecto de trabajo, si no te apetece o ya tienes planes, puedes decir que no, exponiendo tus razones y su importancia para ti. Al mismo tiempo, puedes ofrecerte a compensarles en otro momento, pero asegúrate de que tu mensaje se transmita.

2. Comunica tus necesidades

A la hora de poner límites, no puedes levantarte y dictaminar lo que quieres. La gente tiene que entender no sólo lo que quieres, sino el motivo. Cuando la gente entiende por qué quieres que se establezcan esos límites, es más probable que los cumplan. Pero esta comunicación sólo es relevante cuando se trata de personas que forman parte de tu círculo íntimo. Para los conocidos o las personas que conoces al azar, debes establecer tus límites desde el principio para que sepan que así se relacionan contigo. En este tipo de relaciones no siempre es necesaria una explicación. En el caso de las personas cercanas, comunica tus límites con compasión y respeto por sus sentimientos. No te centres sólo en lo que tú quieres. Comprende sus necesidades y luego resuelve las cosas a partir de ahí.

3. Aplica límites saludables

Cuando tus límites empiezan a afectar a las acciones de una persona o a invadir su intimidad, lo estás haciendo mal. Cuando tus límites hacen que una persona se sienta menos apreciada, lo estás haciendo mal. Los límites saludables se centran en mejorar la relación, no en aislar a una de las partes. Por ejemplo, si resulta que tienes amigos de diferentes orígenes religiosos, un límite saludable en esa relación incluye evitar hacer bromas hirientes sobre la fe. Esto es especialmente importante si no habéis llegado al punto de poder hablar libremente de la religión del otro. De esta manera, respetas lo que ellos tienen y creas un ambiente en el que se espera que ellos también respeten lo que tú tienes. Todo lo que no sea esto puede llevar al resentimiento y a herir los sentimientos.

Evita Relaciones Tóxicas

Una cosa que nunca debe ser admitida en tu círculo íntimo es la toxicidad. Crea un ambiente que ahoga las ideas, paraliza la confianza y dificulta la expresión plena de tu persona. Tu círculo íntimo es el único lugar donde puedes ser tú misma sin miedo a ser juzgada. Cuando invitas a una persona tóxica a ese círculo, trae las mismas cosas de las que estás intentando deshacerte. Algunas personas tóxicas han enmascarado su toxicidad bajo la etiqueta de "preocupación por tu bienestar". Hacen que parezca que su duro trato hacia ti puede estar justificado por su supuesta preocupación por tu bienestar. Son maestros en la técnica de la luz de gas y en hacer que parezca que estás loca por cuestionar sus palabras y acciones.

Una relación tóxica es un tipo de trauma que puede afectar a tu psique durante años. Eso es porque hay un vínculo que se forja en esa relación, una inversión que se hace en esa relación, y un cierto nivel de compromiso. No puedes separarte fácilmente de esa persona. La imagen que me viene a la mente cuando pienso en las relaciones tóxicas es la de asegurar las cadenas alrededor de tu cuello y luego atar esas cadenas al caballo que te arrastra por un terreno difícil. Así de malas son las relaciones tóxicas. Por desgracia, no siempre es fácil detectar las relaciones tóxicas. Sí, existe el abuso físico y verbal (del que algunas mujeres aún luchan por salir). Pero más allá de eso, detectarlo puede llevar tiempo y, durante ese tiempo, se sufre mucho. Así que aquí tienes algunas formas de saber que estás en una relación tóxica:

Estrés o infelicidad constantes

Ya te dije que no existen las emociones negativas, y esto se debe principalmente a que las emociones que nos gusta calificar como negativas son una respuesta natural a las cosas que no te están favoreciendo. Cuando te encuentras constantemente estresado o infeliz, especialmente cuando esas emociones están vinculadas a una persona específica, es seguro decir que estás en una situación tóxica. Toda relación pasa por periodos de estrés y lucha. Pero cuando ese periodo se prolonga o tu felicidad es escasa, es posible que estés en una relación que te está apartando de tu felicidad. Cuando descubras esto, revolcarte en el estrés o la infelicidad no te ayudará. Tu siguiente paso debe ser averiguar por qué te sientes así y determinar si la relación merece la pena. Si no lo vale, mantén una conversación abierta con esa persona, exprésale tus sentimientos y ve qué ocurre.

Te sientes ignorada

Las mujeres negras han tenido que lidiar constantemente con situaciones en las que alguien es supuestamente bueno con ellas con la expectativa de que les devuelvan esta bondad con lealtad. He tenido amigas que estaban en relaciones no muy buenas, pero que sentían que tenían que permanecer allí sólo porque sus parejas las cuidaban. Cuando hablas de esto con la gente normal, se centran en cosas como "se ocupa de tus facturas, se asegura de que tengas todo lo que necesitas, ¿qué más podrías querer?". Lo que la gente no entiende, y afortunadamente se ha creado mucha conciencia al respecto, es que todos tenemos nuestros propios lenguajes del amor. Hay cosas específicas que la gente tiene que hacer para comunicarte que te quieren y te respetan. Pueden darte el mundo entero, pero si no hacen estas cosas, te vas a sentir ignorada y poco apreciada. Es aún peor cuando se lo has comunicado varias veces y ellos insisten en hacer las cosas a su manera. Te mereces que te escuchen. Mereces que te respeten. Te mereces que te quieran. Todo lo que no sea eso no te sirve.

Sigues esperando un cambio

Cuando la relación que mantienes está demasiado centrada en lo que ocurrirá en el futuro en lugar de en lo que está ocurriendo en el momento, puedes estar en una situación tóxica. Déjame que te explique. Tal vez estés con alguien con quien has tenido muchos días buenos, y has visto cómo son cuando las cosas les van bien. Pero con los años, se ha convertido en una persona irreconocible que ya no hace esas cosas. Aun así, te aferras porque esperas que vuelva a ser lo que era antes o que evolucione hacia algo mejor. De alguna manera, te has convertido en un ancla de ese futuro que esperas. Estás convencida de que si te vas, las cosas van a ir a peor. Tal vez te lo hayan dicho. Todas estas suposiciones no son más que indicios de que no estás en el presente. Una de las principales razones por las que evitamos el presente es porque somos infelices en él y cuando eres infeliz, es una señal de que esa relación es tóxica. Lo tóxico no tiene por qué significar abuso. Puede ser que estés en un entorno que te impide crecer.

La familia no siempre es una elección en el sentido de que nacemos con quien nacemos. No los elegimos. ¿Pero ves a tu círculo íntimo? Son los que tú eliges, lo que significa que tienes el poder de crear la comunidad de apoyo que buscas. Va a llevar tiempo y va a requerir mucho trabajo duro. Y lo que es más importante, va a requerir que des un paso adelante para ser el tipo de persona que quieres atraer a tu círculo. Así que sé diligente al respecto. Si ya tienes personas así en tu vida, trabaja en alimentar esas relaciones para que puedan ser lo que tú necesitas. Con un grupo de apoyo que te respalde, ahora tienes el doble de recursos y energía que necesitas para desconectar esas voces negativas que te ha implantado la sociedad. Ese es nuestro siguiente paso en este viaje.

CAPÍTULO NUEVE

No Escuches las Voces

Todos tenemos un pasado. Este pasado viene con momentos de felicidad, momentos de tristeza y momentos que desearíamos poder ocultar del resto del mundo para siempre. Pero uno de los principios fundamentales de este libro es el de asumir tu verdad. Ocultar tu pasado no va a hacer que desaparezca. Tengo un programa de ejercicios favorito que me gusta escuchar en YouTube. En él, uno de los motivadores dice: "Ya estás sufriendo, ¿por qué no convertir ese dolor en beneficio?". Esa frase siempre me hace seguir mi régimen de entrenamiento, por muy agotador que sea. Creo que es muy eficaz en esta situación. Verás, tu pasado ya ha sucedido aunque no haya sido ideal. Puede ser feo. Puede contener algunos de tus momentos de menor orgullo. Sin embargo, en lugar de regodearte en los acontecimientos de algo que ya ha sucedido, esta es tu oportunidad de convertir ese pasado en la plataforma que te lanzará hacia tu futuro. ¿Suena imposible? Pues eso es exactamente lo que vamos a hacer en este capítulo.

Vamos a enfrentarnos a los recuerdos que tienes de tu pasado. Tanto los que te llenan de dolor y arrepentimiento como los que te mantienen atrapada en los viejos y gloriosos días. Ha llegado el momento de avanzar hacia la increíble vida a la que estás destinada. Pero para ello, debes manejar adecuadamente tu historia. Recuerda que te estás haciendo cargo de tu narrativa. Esto incluye volver a donde todo empezó, reencuadrar la historia (no reescribirla) para que puedas agarrar las lecciones y las bendiciones, y luego usarlas como herramientas para impulsarte hacia adelante. No sé qué tipo de vida has tenido, pero como mujer negra, estoy dispuesta a apostar que no ha sido precisamente una vida tranquila. Que tu pasado sea una mierda no justifica que no puedas tener un futuro brillante y excelente. Tienes el poder en tu mano y, a medida que vayas sabiendo quién eres, debes dotarte de las habilidades necesarias para darle la vuelta a ese pasado.

Antes de que vayamos a escarbar en tu trauma del pasado, necesitas prepararte mentalmente porque puedes encontrar alguna información que puede desencadenar emociones con las que aún no estás lista para lidiar. Tienes que tocar todas las notas correctas con esto. Intenta, en la medida de lo posible, no dejarte arrastrar por las emociones desencadenadas por el viaje por el carril de los recuerdos. Céntrate en los pasos que estás dando, no en los que ya has dado. Limita la actitud crítica y trata de ser más amable contigo misma. Si las cosas empiezan a ponerse demasiado difíciles, recuérdate que eres una reina, que eres la jefa y que tienes todo bajo control. Además, el pasado no tiene poder sobre tu presente a menos que se lo entregues.

Reencuadra tus Fracasos

A nadie le gusta fracasar. La principal razón por la que no nos gusta el fracaso es que vinculamos nuestra identidad a nuestros fracasos. Creemos que fallar en algo nos convierte automáticamente en unos fracasados. Antes de empezar a hablar de nuestros fracasos personales, quiero señalar que la mayoría de las personas a las que admiramos y consideramos extremadamente exitosas son personas que tienen muchos fracasos en su haber. No hay ningún multimillonario, director general o inventor que haya llegado a donde está sin fracasar. Y si se habla con ellos sobre sus fracasos, un rasgo común que se encuentra entre todos ellos es el hecho de que atribuyen su éxito a sus fracasos. Sorprendentemente, a pesar de la cantidad de historia que tenemos ante nosotros, seguimos viendo el fracaso como un obstáculo. Esperemos que esto cambie en este segmento. Al final de esto, quiero que seas capaz de mirar tus fracasos y decir sí, yo hice eso. Así es como se replantean los fracasos. Pero hay más que eso.

1. Vuelve sobre tus pasos

Cuando te caes o te pierdes, lo primero que haces es volver sobre tus pasos. Esto te ayuda a descubrir lo que puedes haber pasado por alto o lo que puede haber salido mal. Volver sobre tus pasos no es para revivir los fracasos. Es una forma lógica de analizar hasta dónde has llegado y qué tendrías que hacer para superar esta barrera. Analizar el ciclo del fracaso y volver sobre tus pasos puede ser frustrante, pero hay una lección que aprender. Todos los grandes inventores y los grandes inventos son el resultado de alguien que fracasó pero no se rindió. En su lugar, analizaron sus fracasos y volvieron sobre sus pasos hasta llegar al punto de éxito. Todos tenemos un punto de éxito y a veces el fracaso del que huimos es lo que nos llevaría a ese punto de éxito. Por eso, rendirse no debe ser tu respuesta instintiva cada vez que fracases. Vuelve sobre tus pasos, averigua qué ha fallado y mantén el rumbo. No importa si el fracaso fue en tu matrimonio, relación, negocio o carrera, volver sobre tus pasos siempre es efectivo para ayudarte a descubrir el siguiente paso.

2. Perdónate

Si tus acciones no son reproducibles pero han cambiado tu vida, necesitas perdonarte a ti misma después de volver sobre tus pasos y averiguar en qué te equivocaste. Tienes que asumir la responsabilidad de lo que has hecho, o al menos reconocer tu papel en ello. Esto se llama rendir cuentas. Es una forma de recuperar tu poder, sobre todo si los errores que has cometido desencadenan muchas emociones, no sólo en ti sino en las personas implicadas. Recuperar el poder puede sonar engreído, pero es esencial si quieres aprender las lecciones/bendiciones de cualquier fracaso. El fracaso tiene la capacidad de poner en duda tus habilidades. Te hace cuestionar cada una de tus acciones. Al asumir tu papel en esa situación, recuperas un poco la confianza perdida. A continuación, tienes que hacer el esfuerzo de perdonarte a ti misma. Solemos ser más duras con nosotras mismas que con los demás. Corrige eso y haz del perdón tu prioridad.

3. Sigue adelante

De todos los pasos que hay que dar, creo que éste es el más difícil. El concepto de seguir adelante hace que parezca que eres cobarde o que no te importa lo que ha pasado. No sé de dónde hemos sacado esa ideología. Sin embargo, seguir adelante es la última etapa para superar un fracaso. Cuando te caigas, no te quedes sentada lamentándote. Levántate y quítate el polvo. Si hay un corte, límpialo y venda la herida. Eso es lo que debemos hacer cada vez que experimentamos un fracaso. Da los pasos de los que hemos hablado antes y sigue adelante. Si se trata de una situación que requiere que lo intentes de nuevo, hazlo. Si ha sido un error de juicio, perdónate. Si hay una oportunidad de enmendar las cosas, hazlo. Esa es la esencia de replantear los fracasos. No te mientas a ti misma sobre lo que pasó, y tampoco te encadenes al pasado. Aprende de él y sigue adelante.

Toma el Control de tus Miedos

Sólo un tonto o alguien con algún trastorno puede decir que no tiene miedo. El miedo es una respuesta humana. Está perfectamente bien tener miedo. El problema comienza cuando permites que tu miedo te controle. Como mujeres negras, tenemos mucho por lo que temer y a lo que temer. Sin embargo, no podemos permitir que esos miedos se apoderen de nuestro proceso de toma de decisiones. Esto no significa que no debamos ser cautelosas o aplicar la sabiduría en nuestros tratos. Pero el miedo no debe dictar nuestras decisiones. Hay países en los que es aconsejable no viajar sola siendo mujer. Se oyen muchas historias de terror. ¿Significa esto que hay que eliminar por completo las experiencias de viaje? Por supuesto que no. Por cada ciudad insegura, hay docenas más que son seguras. Por cada oportunidad que pueda comprometer tu seguridad y tu experiencia vital en general, hay aún más oportunidades que puedes aprovechar. El único criterio es que reúnas el valor necesario para dar el paso.

Otra cosa que debes saber es que a veces el miedo que experimentamos es de segunda mano. Nos lo transmite nuestro entorno o los contenidos que consumimos. Soy una gran fan de las series policíacas. Me fascinan, pero ver series policíacas tiene su lado negativo. Poco a poco se va erosionando la confianza en la gente. Si alguien da un paso en falso, tu cerebro lo interpreta automáticamente como una posible influencia que podría causarte daño o peligro. Esto no significa que no debas tomarte en serio tus temores. Hay algo que te preocupa. Obviamente, abordar esas preocupaciones te tranquilizará, pero el objetivo aquí es asegurarte de que siempre tienes el control. Incluso cuando te veas en situaciones que te quiten el control, no debería controlar por completo tu forma de reaccionar. La palabra clave en esa frase es "reaccionar" porque nuestras reacciones determinan nuestras experiencias y nuestras experiencias influyen en la mayor parte del mensaje que nos alimentamos.

Cuando la confianza es baja, apoyarte en tus experiencias puede ayudar a crear un entorno que aumente tu confianza, especialmente si tienes experiencias positivas. Sin embargo, si esas experiencias se ven empañadas por el miedo, sólo conseguirás que tu confianza se hunda aún más. Entonces,

¿cómo se puede combatir el miedo de manera significativa e impactante? Lo primero que te pediré es que cojas tu diario y escribas una lista de cosas que te gustaría hacer. Junto a esa lista, escribe lo que te ha impedido hacer esas cosas. El siguiente paso es averiguar cómo puedes superar esos miedos. El camino más fácil hacia una solución para eso es encarar tus miedos de frente. En otras palabras, si tienes miedo a los bichos, organiza un encuentro con ellos. No suena emocionante, pero después de enfrentarte a lo peor, su impacto o influencia sobre ti se reduce considerablemente. Cuanto más lo hagas, menos miedo tendrás. Aplica esto a todo lo que hay en tu lista y descubrirás que lo único que te ha estado deteniendo todo este tiempo eras tú.

Afirma tus Fortalezas

Cuando tienes múltiples voces en tu cabeza diciéndote lo que puedes o no puedes hacer, tomar una decisión en medio de ese caos se vuelve difícil. Lo peor es que es casi imposible sentirse auténtica en ese entorno debido a los mensajes contradictorios, lo que a su vez arruina tu confianza. Has replanteado tus fracasos y has trabajado para levantarte después de haber admitido tus errores, tu siguiente paso es silenciar esas voces o, al menos, bajarles el volumen para poder oírte pensar. Según mi experiencia, la forma más eficaz de limpiar la negatividad es afirmar la positividad. En este caso, la positividad que vamos a afirmar es tu fuerza. Si no eres una aficionada al deporte, lo siento porque la siguiente analogía que voy a utilizar está relacionada con el deporte.

Cuando ves a los jugadores en el campo, hay gente en la banda saludando, moviendo los brazos y animando. No me refiero a los aficionados. Me refiero a las animadoras. No importa lo duro que sea el partido para su equipo, las animadoras siempre cantan lo adecuado. Eso es lo que hace la afirmación de tus puntos fuertes. Sin embargo, las afirmaciones van un paso más allá. Crean una burbuja alrededor de tu confianza que te protege del efecto de las voces negativas que intentan hundirte. También crean un entorno que permite que crezca tu autoestima. Las afirmaciones te sitúan en una perspectiva positiva al permitirte ver lo mejor de ti misma incluso en tus peores momentos. Las afirmaciones son una forma proactiva de reprogramar tu mente. Después de tanto mensaje negativo, ya deberías haber visto lo bueno. ¿Cómo puedes afirmar tus puntos fuertes?

1. Acéptate a ti misma

Desde que empezamos este libro, habrás oído frases como: sé dueña de tu verdad, deja tu verdad, sé tú misma, etc. Todo esto tiene un propósito: ayudarte a aceptarte tal y como eres. Ahora bien, aceptarte tal y como eres no significa necesariamente que no dejes espacio para el cambio o el crecimiento. Es simplemente prepararte para ser receptora de un amor incondicional. El tipo de amor que no se basa en lo que puedes o no puedes lograr. Se basa en el hecho de ser tú.

2. Cree en ti

Antes de empezar a decir tus afirmaciones, debes empezar a creer en ti misma. La cosa es que puedes decir todas las afirmaciones correctas desde ahora hasta que te pongas azul, pero si no tienes ninguna fe en ti misma y en tu capacidad de ser la mejor versión posible de tu persona, esas palabras no tendrán ningún impacto. Como comprendo lo difícil que es esto, vamos a hablar de ello en los siguientes capítulos.

3. Confecciona una lista

Escribe las cualidades más sorprendentes que tienes, así como las que te gustaría tener, ya sea en tu área de trabajo, en las finanzas o en una relación. Ahora formula esas cualidades de una manera que refleje tu circunstancia actual esperada. Por ejemplo, si quieres tener más confianza en ti misma, intenta escribir una afirmación como: "Soy una mujer segura de sí misma". Es así de sencillo. Sin embargo, si sientes que te cuesta, puedes comprar un libro de afirmaciones centrado en el tipo de temas que te interesan y destacar las que te resuenan.

Una vez que hayas hecho las tres cosas, tienes que decir tus afirmaciones de forma consistente. Es esa consistencia la que asegurará que el mensaje sea interiorizado. Si te pierdes un día o dos, no te castigues por ello. Simplemente vuelve al juego y continúa como si nunca lo hubieras dejado. Pero si te encuentras distraída de tus afirmaciones y de los pasos que estás tratando de dar para deshacerte de esas voces negativas, puede que sea el momento de reevaluar tus prioridades y ahí es donde vamos a ir a continuación.

Capítulo Diez

Replantea tus Prioridades

Somos aquello a lo que dedicamos nuestro tiempo y esfuerzo. Este es un mensaje que llevo conmigo desde que era niña. Si paso más del 70% de mi tiempo en las redes sociales, cualquier contenido que absorba durante ese tiempo influirá en mis pensamientos y opiniones. Esta es la parte de tu viaje en la que empiezas a poner en práctica todo lo que has aprendido sobre ti misma. Cuando conoces tus intereses, las cosas que te gustan y las que te inspiran, tiene más sentido priorizarlas sobre las cosas que la sociedad espera que manejes. Además, reevaluar tus prioridades no consiste en centrarte únicamente en las cosas que te dan alegría. Vas a analizar la vida que llevas actualmente y cómo refleja tu nueva identidad. Como las relaciones que tienes con las personas, ¿reflejan el respeto y el compañerismo que buscas?

113

Los hábitos de salud que tienes ahora, ¿reflejan el respeto que tienes por tu cuerpo? Estas son las sencillas preguntas que tendrás que hacerte en esta parte de tu viaje. Reevaluar tus prioridades no significa poner tu vida patas arriba. Se trata simplemente de dirigir tu atención a las pequeñas cosas que te importan para saber dónde aplicar el esfuerzo para obtener los máximos resultados. La idea es llegar a un punto en el que ya no seas participante activa en la carrera de ratas. En su lugar, disfrutas de cada momento y vives la vida al máximo. Quieres ser una mujer negra poderosa, amada y respetada. Eso no se consigue ciñéndose a las cosas que la gente espera de ti. Si sigues ese camino, puede que acabes consiguiendo el poder y el respeto, pero también acabarás siendo miserable en tu propia vida.

La miseria y la confianza no funcionan bien juntas. Una amplificará la otra, lo que llevará a una miseria aún mayor y posiblemente a una confianza falsa. Hay algo que se llama síndrome del impostor. Esto sucede cuando te sientes como si no estuvieras calificada para tener la vida que tienes actualmente y una de sus causas de raíz es la falta de autenticidad. Esto suele deberse a que participas en cosas que no te representan favorablemente. Esto va desde las opiniones de otras personas hasta mantener las apariencias. Esto crea un ambiente tóxico, y ya sabes cómo la toxicidad afecta negativamente a la confianza.

Deja de vivir para otros

Las mujeres negras son expertas en poner su vida en espera para hacer felices a otras personas. Y lo entiendo. Somos personas de comunidad y cuando estás en una comunidad a veces tienes que poner las necesidades de la misma por encima de las tuyas. Pero lo que ocurre con nosotras, las mujeres negras, es que lo convertimos en un estilo de vida. Nos sacrificamos por nuestros padres y por nuestros hermanos. Cuando nos casamos, nuestros maridos e hijos se convierten en los beneficiarios de nuestros sacrificios. Esta vida de sacrificio te priva de la oportunidad de vivir una vida rica y auténtica. Si vas a encontrar tu voz, ¿de qué servirá si no la utilizas? No puedes seguir viviendo tu vida para los demás. Debe haber un equilibrio. Este equilibrio consiste en atender a tus necesidades y gestionar también las relaciones que tienes. Una gestión adecuada de las relaciones garantizará que tu vida no se construya sobre las expectativas de otras personas. Hacemos esto todo el tiempo y no nos damos cuenta de cuánto nos afecta hasta que es demasiado tarde. Pero eso no es lo peor.

Si la pelota se detuviera en nosotros, no sería un gran problema. Sin embargo, la triste realidad es que trasladamos este mismo ciclo a nuestros hijos. Esperamos que vivan para nosotros tras años de sacrificios por su bienestar. Creemos que nuestra recompensa como padres debería ser sus sacrificios por nosotros. Equiparamos su amor por nosotros con su capacidad para dejar de lado sus esperanzas, sueños y aspiraciones en favor de los nuestros. Hay un chiste sobre una madre y una hija que preparan la boda de su hija. La madre se encargaba de la boda y la hija se quejaba de ello. La respuesta de la madre fue la siguiente: "Cuando yo me casaba, era la boda de mi madre. Ahora que te vas a casar, es mi boda". Este patrón de comportamiento nos perjudica, especialmente a las mujeres negras. Vivir para complacer a otras personas no es realmente vivir. Vivir de verdad es llegar al final de la línea y poder decir que sí, que vivo a la altura de mi potencial. ¿Pero cómo puedes decir eso cuando ni siquiera te pones en una posición en la que puedas aprovechar las oportunidades?

Es como si funcionáramos en un sistema de deuda. Te hacen sentir en deuda con otras personas por tu existencia y, por tanto, debes pagar a esas personas. Este pago puede significar que tu elección de estudios en la escuela está determinada por otras personas. El lugar de trabajo también puede estar determinado por otras personas. Esto está muy mal. Ni siquiera voy a tocar la ilusión que hemos construido alrededor de nosotras mismas cuando se trata de las relaciones en las redes sociales. Eso necesitaría un libro completamente nuevo por sí solo. Pero ese comportamiento no empezó con las redes sociales. Empezó en nuestras propias casas y es ahí donde hay que empezar a arreglarlo. Tenemos que aprender a ponernos en primer lugar. Suena egoísta, pero la verdad es que cuando puedes servirte a ti misma, creas un ambiente emocional que te permite ser aún mejor para servir a otras personas. Una cosa que quiero que recuerden de este segmento es que, como mujeres negras, tenemos la clave del crecimiento de nuestra comunidad. Si prosperamos, nuestra comunidad prosperará. Si encontramos la felicidad, nuestra comunidad hará lo mismo. Así que, siendo egoístas y centrándonos en nosotras mismas, podemos desbloquear esa vida que nos permite convertirnos en mejores defensoras/embajadoras de nuestra comunidad.

Establece tus propias expectativas

Cuando monté mi primera oficina, mis amigos me regalaron un mural con la inscripción "sé tu propia jefa". Era una frase muy sencilla, pero me hizo sentirme capacitada. Yo decidía mis horas de trabajo y de ocio. Manejaba el 100% de los riesgos y el 100% de las recompensas. Era todo lo que quería. Pero algunas personas me lo arruinaron con sus comentarios sarcásticos. Hacían pequeñas bromas sobre mi "pequeño" negocio o sobre cómo la "pequeña dama" estaba tratando de abrirse camino en un gran mundo. Decían que su intención era buena, pero yo podía oír el sarcasmo en sus voces. No es que quisieran desprestigiarme intencionadamente, sino que estas personas tenían expectativas sobre mí y yo no las cumplía. Después de muchas conversaciones sobre el trasfondo de las emociones encontradas, descubrí que estas personas se dividían en dos categorías. El primer grupo consideraba que tenía demasiado potencial para desperdiciarlo en un pequeño negocio y el segundo grupo no esperaba que llegara tan lejos.

Lo que aprendí de esa experiencia es que, hagas lo que hagas, nunca podrás satisfacer completamente a la gente. Estás condenada si lo haces y condenada si no lo haces. La gente siempre tendrá opiniones y expectativas diferentes. No hay nada que puedas hacer al respecto. Pero pasar por el aro y hacer menos para satisfacer esas expectativas te frenará y hará imposible que te centres en tus deseos y necesidades. A veces, ni siquiera nos damos cuenta de lo que estamos haciendo. Queremos ser las niñas perfectas de papá, así que hacemos todo lo posible, incluso cuando eso nos produce dolor. Para conseguir la aprobación de mamá querida, hacemos concesiones que nos perjudican a la larga. En casos extremos, tratamos esas expectativas como si fueran oxígeno. Sin ellas, nos sentimos vacíos y perdidos. He oído a personas que afirman encontrar su propósito en esas expectativas. Este tipo de actitud no se limita a los miembros de la familia. Has oído hablar de la etiqueta "mascota del profesor". Los niños con ese título están ansiosos por complacer a la gente, y no mejora a medida que crecen.

Si tú eres uno de esos niños, es hora de dejar el circo. No puedes desperdiciar este hermoso regalo de la vida esperando a otras personas. Sanar mental y emocionalmente requiere hacer importantes cambios en la vida. Puede que no sea cómodo tomar esas decisiones, pero la recompensa es más satisfactoria que la incomodidad inicial. Chica, no puedes iniciar completamente tu viaje bajo el peso de las expectativas de otras personas. Sólo van a bloquear la luz del sol y limitar la alegría que deberías experimentar. Eres una hija de la tierra. Nuestra piel está hecha para brillar bajo el sol (literal y figuradamente). Esa es la razón de la magia de la melanina. Sal de esa nube y entra en la luz. Y hablando de nubes, tenemos una más de la que deshacernos.

Deja ir los arrepentimientos del pasado

Vivir con remordimientos es como conducir un coche con la vista puesta en el espejo retrovisor. Te distrae del viaje que tienes por delante y te mantiene atrapado en el pasado al que ya no tienes acceso. Como tu enfoque no está donde debería estar, te pierdes momentos importantes de tu vida. Pero eso no es lo único que se pierde. Hay oportunidades, placeres y actividades de ocio esperando a que los experimentes cada día. Estar preocupada por los remordimientos causados por las acciones o la inacción del pasado te cegará a estas experiencias o te hará dudar de dar esos saltos. Entonces, ¿por qué te frenan los remordimientos? ¿Y qué puedes hacer para avanzar? Eso es lo que vamos a descubrir.

Los sentimientos de arrepentimiento no son hechos aislados. Todos los experimentamos en algún nivel. A primera vista, no es del todo malo. Cuando intentas replantear los fracasos del pasado, el arrepentimiento puede ser una excelente guía para volver sobre tus pasos. Sin embargo, las cosas empiezan a complicarse cuando se revisa el pasado y, en lugar de aceptar las cosas como son, se pintan escenarios alternativos con resultados diferentes. Esto puede hacerte sentir bien temporalmente, pero no estás afrontando el verdadero problema. Sin la verdad, eres como un perro que se persigue la cola en círculos. En esencia, estás atrapada en un ciclo. Cuando estás atascada, avanzar no siempre es fácil. Pero no es imposible.

Para empezar, deja de centrarte en lo que podrías haber hecho de otra manera. Enfréntate a ese pasado, afronta la verdad (el papel que jugaste en él), aprende las lecciones que necesitas y luego mira hacia adelante. Esto parece fácil, pero son muchos los pasos que tienes que dar. Dependiendo de tus arrepentimientos, uno de esos pasos podría incluir la reparación de las personas a las que hiciste daño. Otro paso importante es perdonarte a ti misma. Castigarte por un incidente que ocurrió en el pasado no hará nada más que arrastrar tu confianza. Y chica, eso ya lo hemos superado. ¿Te preguntas cómo seguir adelante? Decídete a hacerlo y hazlo. Deja de esperar a que ocurra alguna gran señal o acontecimiento. Simplemente hazlo. Sabes que hay mucho ahí fuera esperándote. Coge el proverbial toro por los cuernos y prepárate para el viaje.

CAPÍTULO ONCE

Recupera tu Excelencia

¿Sabes por qué luchamos con nuestra confianza? Es porque, en algún momento, olvidamos lo increíbles que somos. Permitimos que las dudas sobre nosotras mismas, las opiniones negativas de otras personas y las expectativas aplastaran nuestra estima. Permitimos que la negatividad entrara en nuestro espacio y que se convirtiera en un pensamiento o una voz dominante en nuestra cabeza. Cuando te olvidas de quién eres, es fácil creer en la narrativa que venden otras personas. Hemos dicho muchas cosas hasta este punto. Hemos hablado de los problemas que encontramos como mujeres negras. Hemos explorado nuestro dolor, nos hemos abierto a nuestra pasión, y creo que eso es suficiente por ahora. Quiero presentarles a alguien que quizás no hayan conocido antes. O tal vez sí, pero creo que una reintroducción podría ayudar.

Esta persona es la definición de la palabra hermosa. Su belleza irradia desde el interior y brilla hacia el exterior. Cuando camina, sus movimientos son los de una diosa poderosa. Cuando habla, la gracia y la elegancia fluyen a través de sus palabras. Es fuerte y feroz y, al mismo tiempo, delicada y flexible. Es sabia y paciente. Es amable y elocuente. Es consciente e inteligente. Es todo lo que necesita ser para sí misma y más. Casi parece demasiado buena para ser verdad, pero así es nuestra chica. Es una mujer de excelencia en todo el sentido de la palabra. Estoy bastante segura de que ya tienes una idea de quién es esta mujer, pero por si acaso, déjanos oír esos redobles de tambores por favor... la mujer eres tú.

¿Cómo te sientes al ser esta mujer? Si tu primera reacción fue de incredulidad, no pasa nada. Cualquiera se sentiría intimidado en presencia de una persona así, ¿y la idea de compararse con ella? Eso es mucho. Así que entiendo la incredulidad. Pero cuando termines con los segmentos de este capítulo, eso cambiará. Si tu reacción, por el contrario, fue de emoción, enhorabuena, chica. Eres una estrella de rock, y lo sabes. El resto de este capítulo te va a ayudar a abrazar ese mensaje. Recuperando tu excelencia es como te reposicionas para recibir todas las grandes cosas que vienen en tu camino.

Cree en ti misma

Si vas a convertirte en la mejor versión de ti misma, necesitas un equipo de una sola persona: tú. Por supuesto, tienes a tu tribu apoyándote, pero este ejército de un solo miembro va a ponerte en marcha. Tienes que ser tu propia animadora, fan y creyente. Está bien que otras personas hagan esto por ti, pero si no puedes hacerlo por ti misma, sus esfuerzos serán como tratar de almacenar agua en una cesta tejida. Inútiles. Bueno, no del todo inútiles, pero definitivamente no serán suficientes para superar situaciones a largo plazo. Así pues, permíteme que te guíe a través de los tres miembros de tu ejército. Empecemos con tu animadora.

Esta es la segunda referencia que hago a este grupo de gente presumida que parece estar siempre feliz. Pero es por una buena razón. La vida siempre te lanzará tormentas de vez en cuando. Ser tu propio animador te enseña la capacidad de encontrar formas más sanas de sobrellevar las cosas cuando se ponen demasiado difíciles. En lugar de buscar validación en lugares que cultivan un entorno mental poco saludable, miras hacia dentro y te fortaleces contra las voces negativas que quieren colarse. Como tu animadora, cánticos como "lo tienes" o "puedes hacerlo" deberían ser tu mantra cada vez que te enfrentes a situaciones imposibles.

Justo al lado de nuestra animadora está tu fan. Tienes que amar tu trabajo, chica, y no me refiero a amarlo desde la perspectiva de una persona que disfruta con lo que hace. Me refiero a tener un gran aprecio y valor por tu trabajo. ¿Has visto a la multitud que se ha vuelto loca por el trabajo de Beyonce? No es necesario volverse tan loco, pero podrían ser excelentes indicadores de cómo ser un fan. Sin embargo, una cosa sobre los fans es que, por muy locos que estén, nunca aceptan la mediocridad. El objetivo es la excelencia y, cuando la consiguen, la celebran. Tú deberías hacer lo mismo. Esto nos lleva al último punto: debes creer que eres suficiente. Nunca te compares con nadie más. Y si las dudas empiezan a aparecer, vuelve a llevar las cosas a la animadora. ¡Tú puedes hacerlo!

Desbloquea Tus Pasiones

¿Qué significa para ti la excelencia? ¿Ser la mejor en tu trabajo? ¿Realizar grandes ventas? ¿Generar buenas críticas para tu marca? Creo que se trata de añadir valor. La excelencia negra no sólo celebra lo que la sociedad considera los mejores y más brillantes. Se trata de las personas que elevan nuestra comunidad a través de sus valiosas contribuciones, que no siempre son monetarias. Si observamos a las personas que celebramos, provienen de todos los ámbitos de la vida, pero hay un hilo conductor: todos hacen lo que les apasiona.

La excelencia no consiste en saber quién gana más dinero o quién tiene más fama. La excelencia consiste en aportar valor. Podrías estar trabajando en tu aburrido trabajo de oficina y seguir aportando valor a tu manera. Pero cuando ponemos tu confianza sobre la mesa, tienes que considerar otras opciones. Seguir tu pasión es una de esas opciones. Tienes la oportunidad de utilizar tu habilidad o tu talento de una forma que te haga feliz al tiempo que añades valor a la sociedad. La pasión es un ingrediente importante en tu trabajo, porque cuando te encuentres con un obstáculo que te haga pensar en abandonar, ella (la pasión) te hará superar ese bache.

Sólo tenemos una vida para vivir. ¿No sería mejor pasarla haciendo cosas que nos den alegría y que al mismo tiempo aporten valor a la sociedad? Hay tantas cosas que pasan en el mundo. Tanto dolor. Tanta tristeza. No podemos arreglarlo todo para todos. Tampoco podemos hacer feliz a todo el mundo. La única persona de cuya felicidad somos completamente responsables es la nuestra. En lugar de pasar cada día atrapada en rutinas que te aburren y te proporcionan cero inspiración, por qué no te dedicas a cosas que te den alegría. Tus pasiones no tienen por qué tener valor monetario, al contrario de lo que te dicen los motivadores de las redes sociales. Simplemente debe darte alegría y valor.

Sueña a lo grande

Si quieres abrirte camino en esta vida, vas a escuchar muchos "no" antes de llegar a los "sí". Cuando alguien dice que sí a tu idea, es lo más reconfortante del mundo. Te sientes fortalecida. Te sientes querida y apreciada. Pero el "no" puede destrozarte el alma. Si no estás preparada mentalmente para ello, tus niveles de confianza se desploman y parece que has perdido la capacidad de soñar. El NO crea un vacío en tu corazón para que el miedo camine libremente. Y cuando el miedo merodea, te vuelves demasiado precavida. Te impides dar un salto porque temes volver a cerrarte. No dejas de soñar, sino que te impides soñar. Una vida sin sueños es una vida sin esperanza. Y chica, si quieres recuperar tu excelencia, tienes que empezar a soñar de nuevo. Y no los sueños seguros y pequeños que te mantienen en tu zona de confort. Tienes que soñar a lo grande.

Soñar en grande puede dar miedo. Sobre todo porque te invade el pensamiento abrumador de cómo vas a hacer realidad ese sueño o si eres capaz de conseguirlo. Esto es comprensible, pero también es un indicio clásico de miedo. Según mi experiencia, el miedo a soñar surge de la pérdida de control. Sientes que no controlas todos los factores necesarios para hacer realidad esos sueños y, como no hay control, sientes que todo lo demás se desmoronará como un dominó. Pero debes entender que los sueños no son valiosos por tu capacidad de hacerlos realidad. Sirven para un propósito más elevado.

Los sueños son una forma no arriesgada de ampliar el mundo que te rodea. No hay limitaciones cuando se trata de tu sueño. Puedes ser guarda del zoo en Madagascar. Una bailarina en Francia. Una atleta estrella en Estados Unidos o incluso una chica Bond de las malas en Gran Bretaña. Lo que quiero decir es que no hay restricciones. Dado que nuestra realidad se compone de reglas y normas sociales que nos mantienen enjauladas, ésta es una excelente vía para explorar las alternativas de la vida. Piensa en los sueños como un año sabático que puedes tomar cuando quieras. Sin consecuencias. Sin responsabilidades. Sólo exploraciones. Si te centras en el sueño adecuado, te sientes motivada y entusiasmada por seguir tus pasiones. Cuando conoces a una chica negra que tiene ese tipo de sueños, es mejor que creas que puede hacer cualquier cosa. Y con eso, pasamos al capítulo final.

CAPÍTULO DOCE

Cuida de Ti

Autocuidado es dar prioridad a tus necesidades. Como mujeres negras, hemos sido educadas para poner a todos los demás antes que a nosotras. Hemos arraigado tanto nuestra identidad en el autosacrificio que sentimos que no estamos sirviendo si no nos sacrificamos. Sacrificamos nuestra paz, nuestra cordura y nuestra salud física por las personas que amamos. He conocido a mujeres que han sufrido abusos intrafamiliares en sus relaciones. Tenían la ridícula noción de que el abuso era una expresión de amor. Para corresponder a ese amor, sentían que debían soportar el dolor y la tortura. Incluso en otras relaciones, nos ponemos en el extremo receptor del dolor, y lo que es peor, lo normalizamos.

Esto tiene que terminar. Otro comportamiento que he

observado que es común entre las mujeres negras es el síndrome de la damisela en apuros, en el que sufrimos en silencio mientras esperamos secretamente que alguien nos rescate. Pero al mismo tiempo, ponemos una fachada de fortaleza incluso cuando necesitamos ser y sentirnos vulnerables. Esta necesidad de presentar una fachada mientras ocultamos nuestros verdaderos sentimientos nos relega al final de la lista en nuestra propia vida. No es saludable y contribuye a nuestra incapacidad para sentirnos seguras de lo que somos. A lo largo de este libro, hemos explorado las diversas formas en que podemos volver a nuestros respectivos tronos y reclamar nuestras coronas. Hemos hablado de las cosas difíciles. Ahora es el momento de hablar de las cosas fáciles.

En este capítulo nos centraremos en cuidar nuestra mente y nuestro cuerpo. Cuidar nuestra salud en general puede darnos el tan necesario impulso de confianza. Cuando estás sana, te sientes bien contigo misma. Te sientes más competente a la hora de perseguir tus objetivos y de ir a por la vida que quieres. Cuidar de ti misma te da permiso para sentirte bien contigo misma. Es una forma de comunicar a tu mente y a tu cuerpo que inviertes y te comprometes con tu bienestar y tu crecimiento emocional. En lo que respecta a las inversiones, no hay ningún tipo de inversión que dé tantos frutos como invertir en ti misma. He dicho que tú eres tu mayor activo. Cuidarte a ti misma te asegurará que te mantengas en óptimas condiciones durante más tiempo. Veamos ahora las tres formas principales de cuidarse.

Nutrición

He utilizado aquí la palabra nutrición en lugar de dieta por una razón específica. A menudo equiparamos la dieta con la nutrición cuando significan dos cosas diferentes. La nutrición se refiere a sacar el máximo provecho de tu dieta. No se trata de alcanzar un objetivo de peso corporal ni de seguir las últimas tendencias de salud. Se trata de asegurar que tu cuerpo obtiene todo lo que necesita para mantenerse sano. Más allá de eso, se centra en enseñarte a tener una relación sana con la comida. Como mujeres, somos más propensas a atiborrarnos de comida como forma de hacer frente a nuestras emociones. Si me dieran un dólar cada vez que me siento en el sofá y lloro mis sentimientos en una tarrina de helado, podría permitirme unas vacaciones de un mes en el Caribe. Aunque esto me ocurría ocasionalmente, para algunas mujeres es una rutina habitual. Cuando te sientes triste, comes. ¿Te sientes ansiosa? Un buen pastel de chocolate puede arreglarlo. Debo admitir que cuando lo haces, te sientes muy bien. Aunque sea por poco tiempo, lo hacemos igualmente.

Cuando haces esto, no estás dando a tu cuerpo la nutrición que necesita. Simplemente estás cubriendo los problemas bajo capas de comida basura que podrían suponer un riesgo para tu salud en el futuro. Por no hablar del impacto de la comida en tu cuerpo, que a su vez afecta a tu confianza. La otra cara de la moneda de la comida basura es centrarse en determinados grupos de alimentos por sus supuestos beneficios. Los expertos en dietas de Internet declaran algunos alimentos como superalimentos y destacan sus beneficios. Las personas que se creen sus beneficios se niegan a incluir en su dieta cualquier cosa que no sea de esos alimentos. El problema es que esos beneficios son temporales porque no hay equilibrio en la dieta.

Las proteínas son estupendas para el culturismo, pero también se necesitan nutrientes clave de todos los demás grupos de alimentos para sacar el máximo partido a la dieta. A menos que trabajes con un nutricionista certificado en el desarrollo de tu dieta, puede que no estés sacando el máximo provecho de tus alimentos y esto podría estar teniendo un impacto negativo en tu salud física y mental. No te apresures a hacer cualquier dieta por mucho bombo que se le dé en las redes sociales. También se han realizado estudios que relacionan ciertos alimentos con la elevación del estado de ánimo. Y me refiero a los que elevan el estado de ánimo y no repercuten negativamente en tu cintura. La clave para disfrutar de la comida es el equilibrio y el control de las porciones.

Descanso

En el mundo actual, una mujer trabajadora es alguien que tiene tres empleos y apenas tiene tiempo para dormir. En los medios de comunicación, la mujer moderna ideal se ve corriendo hacia su oficina con un café en la mano, con aspecto agotado y siempre sin tiempo. Las mujeres negras que se toman vacaciones y llevan un estilo de vida menos frenético son consideradas niñas o patrocinadas. Hay que cambiar esta imagen de la mujer negra. La mujer negra sobrecargada de trabajo es una imagen que se ha glorificado durante demasiado tiempo y que debe terminar.

Tomarse tiempo para descansar no es holgazanear. Es valorarte a ti misma y a tu contribución al equipo lo suficiente como para darte tiempo para recuperarte. Si has leído la versión bíblica de la historia de la creación, sabrás que incluso Dios descansó el séptimo día. Nos gusta utilizar mucho el término "supermujer". Es un gran cumplido. Que te comparen con una mujer de ficción que posee una fuerza sobrehumana sienta bien, pero te obliga a intentar imitar su fuerza, lo que incluye trabajar las 24 horas del día. La verdad es mucho más sencilla. Eres humana y necesitas descansar de la misma manera que necesitas oxígeno y comida. Una persona que ha pasado mucho tiempo sin descansar experimenta una reducción significativa de su capacidad de rendimiento. ¿La conclusión? El descanso es recomendable y no hay que esperar a estar completamente agotado para conseguirlo.

Parte de tu rutina de autocuidado debe ser el descanso. Descansar no significa tumbarse en la cama y dormir. Regalarte un día en un spa o en un salón de belleza es una forma de programar algo de tiempo para ti. Quedar con tus amigas a última hora del día para tomar una copa es otra forma de desahogarse. El objetivo es soltarse el pelo, relajarse y desconectar. Me encanta ver a las chicas negras mimadas, especialmente si lo hacen con su propio dinero. Planifica tus vacaciones con meses de antelación. Escoge un lugar fresco, preferiblemente con una vista perfecta del océano. Si eso está demasiado lejos en el futuro, reúne a unos cuantos amigos y salgan de excursión. Se dice que pasear por la naturaleza es muy terapéutico. Para las personas creativas, nos conecta con nuestras musas creadoras y nos da la inspiración que tanto necesitamos para mejorar nuestras respectivas formas de arte.

Asesoramiento

A los negros les gusta pensar que la crisis de salud mental es un problema de los blancos. Es una broma que compartimos para restar importancia a nuestras luchas mentales. Nos creemos el cuento social de que somos fuertes mental y físicamente y que, por tanto, nuestras mentes no pueden ser influenciadas o torcidas por las luchas a las que nos enfrentamos. Pero la verdad es que hemos tenido que lidiar con tantos traumas que sería un milagro que una persona negra tuviera éxito o incluso existiera sin combatir una u otra forma de problema de salud mental. Nuestros hombres están constantemente bajo escrutinio debido a los prejuicios raciales que prevalecen, y esto los pone en riesgo de ir a la cárcel o ser asesinados por las personas empleadas para protegerlos.

Los mismos prejuicios raciales nos impiden tener acceso a los tan necesarios centros de salud en nuestras comunidades, dejándonos con problemas de salud debilitantes que se pueden prevenir. Nuestras mujeres se enfrentan a diferentes formas de abuso todos los días. Esto crea el entorno perfecto para que prosperen los problemas de salud mental. Tenemos que dejar de esforzarnos demasiado por ser fuertes y centrarnos más en intentar sanar. Para sanar, primero debemos aceptar nuestro mayor problema, que es la lucha por la salud mental. Tenemos muchas ideas negativas erróneas sobre los problemas de salud mental, y cuando una persona tiene problemas de este tipo, creemos que está rota y es débil. Por ello, nos negamos a asociarnos con cualquier cosa relacionada con ella, incluso cuando nos enfrentamos a la verdad.

Estamos más abiertos a arreglar nuestros problemas con

pastillas y procedimientos quirúrgicos. Pero a veces, nuestros problemas son más psicológicos que fisiológicos, lo que significa que el tratamiento consiste en hablar con un especialista. Sólo a partir de ahí podemos desarrollar la solución que nos lleve a la curación. ¿Recuerdan lo que he dicho antes sobre cómo el éxito de una mujer negra puede influir en nuestra comunidad y provocar el éxito de la misma? Una mujer negra que se puso a trabajar para sanar de su trauma puede instigar la misma cadena de acción en su comunidad y esto es algo grandioso. Tenemos que abrirnos a la idea del asesoramiento. No podemos esperar forjar relaciones sanas con la gente si seguimos cargando con el equipaje de nuestro pasado. Además de todas las narrativas que tenemos que cambiar, eliminar el estigma que rodea a los problemas de salud mental y su tratamiento serviría mucho a nuestra comunidad.

Si nos deshacemos de este equipaje, nos ayudará a encontrarnos a nosotras mismas y, al hacerlo, encontraremos nuestra pasión. Y a través de la pasión, encontramos el propósito. Sólo a través de ese propósito podemos crear el tipo de valor que ayudará a construir nuestra comunidad, que es el objetivo final. El asesoramiento requiere admitir que hay un problema. Llegar a esa conclusión requiere valor y creo que tú tienes lo que hace falta. Eres valiente. Eres fuerte y has sobrevivido a cosas que tus compañeros probablemente nunca podrán imaginar. Pero también eres humana y para sobrevivir plenamente a tu trauma, necesitas sanar. Es hora de abrirse y empezar a hablar con los expertos, y creo que ese es el último paso en este viaje. Has hecho todo el trabajo y seguirás haciéndolo, pero para pasar a la siguiente fase, necesitas hablar con alguien.

Conclusión

Finalmente, hemos llegado al final de este libro. En el proceso de escritura de este libro, tuve que revisar muchas viejas heridas, y esto me pasó factura emocionalmente. Sólo puedo imaginar el viaje que te llevó a ti. Seguro que te duele. Lo que ocurre con el dolor es que es un indicador del problema. El dolor que sientes te dice que hay un problema y, lo que es más importante, te dice que estás en el camino correcto. Te has enfrentado con valentía a tu dolor de lleno. No te detengas ahora. Te debes a ti misma llegar a la meta. El final del libro es simplemente el comienzo de otro capítulo. Lo que eso signifique depende enteramente de ti.

Tal vez sea el capítulo de tu vida en el que aplicas diligentemente todo lo que has aprendido hasta ahora para mejorar tu calidad de vida o abres un nuevo capítulo en otro libro para poder construir sobre los cimientos que este libro ya ha sentado. Y éstas son sólo dos de las muchas opciones. Espero que te des cuenta de que la vida te está esperando para que salgas de tu caparazón y la vivas. Por desgracia, el tiempo pasa. Cada momento precioso es tan valioso como lo hagamos. Es hora de hacer que cuente.

Debes saber que cuando haces esos movimientos de reina, no lo haces sólo por ti. Lo haces por las niñas negras que te están mirando. Quieres que sepan que pueden conseguir muchas cosas si se lo proponen. También lo haces por las mujeres que nos precedieron. Quieres que sepan que sus esfuerzos, sus luchas y sus sacrificios nunca fueron en vano. Ellas caminaron para que nosotras podamos correr. Debemos romper esos ciclos insanos y construir una nueva forma de vida para nosotras mismas. Tú eres el héroe que has estado esperando para rescatarte. Afronta la tarea con valor y confianza. Acalla cualquier voz que intente disminuir tu poder.

Estoy muy emocionada por este viaje. Sé que harás grandes cosas y estoy deseando escuchar tu historia. Hasta entonces, sigue brillando y sigue ganando.

Gracias

Antes de que te vayas, quería darte las gracias por haber comprado mi libro.

Hay muchos libros sobre el mismo tema, pero tú te arriesgaste y elegiste éste.

Así que, gracias por elegirme y por leer este libro hasta el final.

Ahora, quería pedirte un pequeño favor. **¿Podrías considerar publicar una reseña del libro? Las reseñas son la forma más fácil de apoyar a una autora independiente como yo.**

Tus comentarios me ayudarán a seguir creando libros que te ayuden a conseguir los resultados que deseas. Así que, si te ha gustado, por favor, házmelo saber.

www.ingramcontent.com/pod-product-compliance
Lightning Source LLC
Chambersburg PA
CBHW071154120626
46546CB00006B/2263